有底氣，無所畏

仙女老師　余懷瑾　著

〈推薦專文〉

用心、堅持與愛培養出來的底氣

簡報與教學教練、F學院創辦人／福哥（王永福）

看了仙女老師的新書，好多次邊看邊拭淚……。感動之外，還有更多的佩服。佩服的是她的勇氣、還有她持續累積的「底氣」。

當老天給你挑戰時，你有沒有底氣通過上天的考驗？在公立學校任教二十年，你有沒有底氣，為了維護特教女兒的權利，辭去許多人稱羨的教師職位？面對企業訓練現場學員懷疑的眼光，你有沒有底氣安定學員們的心，讓上完課的企業馬上再次邀約下一堂課程？

因為「有底氣」，才能「無所畏」。但，這個底氣是從何而來的？

用心、堅持、愛，這是我對仙女老師的觀察。

什麼是用心？如同書裡面寫的，我跟仙女老師因為花蓮的演講而結識，而當天是颱風天，她搭車從台北到花蓮！之後專業簡報力、憲福講私塾、寫出影響力，各種大大小小的課程，都可以看到仙女老師的投入與表現。更不用說她在學校對學生、在家裡對孩子們，她總是希望能付出更多，做到更好，這些都是用心。

仙女老師更是一個堅持的人，從學校環境轉任企業講師，絕對不是一件簡單的事！但仙女老師堅持下來，並走出了一條自己的路。為了維護二個女兒：平平＆安安的受教權，她也堅持為女兒與其它身心障礙的孩子發聲、不平則鳴，透過文字與行動，發揮自己的影響力。遇到教學環境的挑戰、企業訓練的不同要求，她也堅持用自己的方式，走出一條自己的路。書中有許多關於她堅持的故事，大家可以細細品味。

這些用心與堅持的背後，是因為「愛」！對學生的愛、對孩子的愛！讓她願意無限的付出時間，用心與堅持，持續累積自己的底氣。她可以只是當一個念課本的國文老師，但因為對學生的愛，才會一直思考更有效的教學方法，用分組、白板、以及不同的教學活動，影響一個又一個的學生；她也可以只是當一個被動的母親，接受孩子學校以及體制還不夠完善的安排，但是因為對孩子的愛，她鼓起勇氣站出來，為孩子及所有人爭取應有的權利，並站上 TED×Taipei 的舞台發聲。也因為對孩子、家人、學生、還有自己的愛，讓她願意用心堅持、投入時間，慢慢的累積了自己的底氣，才能無所畏懼。

生命影響生命，有時只是一個不經意的事件，卻一件接著一件事的發揮了影響力。當初為了仙女老師為了要不要在義大醫院演講分組，我們在晚上通了電話，我說，「你相信福哥就對了！」然後因為這樣的分組教學，讓杜院長留下了深刻的印象、也更激勵了仙女老師踏上企業訓練與演講的勇氣、再之後甚至還讓院長為平平安安親自執刀手術。你從來不曉得，在什麼時間、什麼機緣下，你的一個動作、一句話、會像水中的漣漪一樣，慢慢的擴散了影響力。如果你還不知道怎麼開始，那看仙女老師的這本書，就會是您最好的開始。記得「你相信福哥就對了！」

讓人動容又有勇氣的好書，福哥誠心推薦。

〈推薦專文〉

因為愛，所以有底氣

國立成功大學資訊工程學系教授、PTWA理事長　蘇文鈺

我是個急性子的人，但也知道急性子的缺點，有一年出版社要我為一本書，《慢慢來，我等你》，寫推薦的時候，我看了初稿，很是感動，所以當下就答應了。這是我第一次跟仙女老師結緣。

這本書講的是她在高中任教國文的事，班上有特殊生，那一段很是感人，這樣的老師很不容易，我建議大家可以去買來看。

我並沒有去看仙女的TED Talk，所以很長一段時間不知道她家女兒出生時罹患腦性麻痺。也就是我們之間其實沒有那麼熟！只知道她是個很棒很會講課很關心學生的老師。

我們開始緊密地合作是從出席台北的一個新書活動起，仙女問我怎麼都不找她去演講。我心想，這人問話怎麼這麼有底氣！剛好過沒多久，愛自造者學習協會

要在彰師大辦一個特殊生教學的工作坊，我把我的時段讓出來，原因是我其實沒那麼愛演講。

彰師大的活動一結束，才知道仙女的辛苦，愛自造者學習協會的特教課程又過了一陣子，克服了一些困難後到台北去開課。我才真正看到安安，以及一眾特殊生，那一天下課後，仙女與安安陪我走路去搭車，我看看安安的行動很困難，建議搭計程車。仙女平淡的說，安安每天要走一定的步數，現在不走完，回家還是要在跑步機上完成。

這麼平淡的語調代表這是他們家的日常。

仙女對我說，像安安這樣，如果不每天有足夠的運動量，沒幾天就很難走得動了，小時安安會邊走邊哭，因為痛，但是仙女一定會逼她走完一天的功課，因為一時心軟，下場會更嚴重。

安安來上我們的特教課，慢慢地，手部的小肌肉因為練習而發達了起來，認知能力也逐漸提高，連帶文字表達與書寫能力逐漸建立了起來，普通高中生還不一定寫的有她好。

有一次，仙女到台南來演講，當天吳念真導演也在，我當著吳導的面說，為什麼不讓安安跟學員組一隊？為什麼不找機會讓安安有機會也上台分享她的學習？

我對仙女說，有一天，我們都要老去，安安終究要靠自己生活下去，總不能把這個擔子交給也是腦性痲痺的平平吧？

可能這是我唯一一次見到仙女哭吧！但是我相信仙女可能在私下無人時哭過千百遍了，因為換成我是她，也會如此。

那一天之後，我在臉書上看到安安一起上課一起分享，然後又過了好久，安安終於可以獨自撐起一場演講。

如果你問我，一個人的底氣是怎麼來的？無疑是因為從對抗逆境而來的。

底氣裡最重要的一個元素，我想講的是，因為愛，愛讓我們與孩子們產生了十足的底氣，無論失敗跌倒多少次，都可以再爬起來，直面自己的人生。

〈推薦專文〉

底氣就是：往前看，不再掉淚

企業講師、作家、主持人／謝文憲

仙女老師邀請我為她的新書寫推薦序文的隔天上午，我收下癌症五年後的畢業成績單，指數與影像全數正常，結帳的時候，批價的費用跟一般患者相同，不再享有重大傷病的特別補助。

松山新店線上，我收到編輯傳給我的新書稿，我在捷運上看了三篇，眼眶含著淚水，寫下：「往前看，不再掉淚」這七個字。

我不是什麼偉大的人，但我見證一位偉大的女性、母親、老師、學生成長茁壯、克服心魔的歷程，九年來，書中所寫全部都是真實故事，我雖未全部參與，但也略知一二，我想特別提提三件事：

一、白板教學：如果您在企業上課，看到一位老師擅長用白板教學，不要懷疑，那個人就是余懷瑾，所有教學與企訓專家都認為行不通的學校教室教法，在她手上變成魔法，我想說的就是：「與其更好，不如不同」，要相信自己的法器與天賦優勢，會是最偉大的致勝武器。

二、平平安安：曾幾何時，仙女的兩個女兒或許是阻礙她個人前進的阻力，但她選擇正面迎戰老天給她的考驗，無論是特殊教育的發聲，多元共融的推廣，故事教學的場景，企業訓練的核心價值，仙女精神，就是偉大的母愛象徵，成熟老師的典範，以及對抗不公不義的使者。

三、麥克風加上信念可以改變世界：余懷瑾、朱為民、吳淋禎三位講者是我最驕傲的學生。能不能上TED並不是關鍵，了不起的是：他們都用自身工作經驗與專業場景，加上核心論述成功站上大型舞台，讓演講畫面成為他們的名片。也因為他們三位，我致力打造各型舞台，讓所有擁有故事、專業場景、核心論述的講者，說出他們心中想要改變世界的內容，無論是成熟工作者或是在學學生。

最後我想聊聊使命。

擔任企業講師十八年，忝為許多專業講者的老師，我也有內心掙扎到底要適度放過自己，還是堅持理念的心理矛盾。

讀完本書，發現仙女就是我的同行者，尤其是使命。

在此引用《紐約時報》專欄作家大衛．布魯克斯在《第二座山》書中所提，第二座山值得深耕的四個面向：志業、婚姻、人生觀與使命信仰、社群等四項，我可以說：我見證仙女攀爬第二座山的歷程，也見證了她的精采。她也是所有正被困在泥淖中，畏懼、害怕、懷疑自己的朋友，最好的一盞明燈。

她向大家證明：有底氣不僅可以不畏懼，還能展現自己價值，發揮所長，影響他人，不僅幫助了自己和家人，還能協助眾人，用事實證明她不僅是仙女，而且還是有溫度的仙女。

無論命運為何，往前看，不再掉淚，最壞的時刻已過，最好的卻還沒來。

〈作者序〉

多做一點點帶來無限可能

離職那天，我獨自坐在車上四十分鐘，心情說不上來是難過還是開心，只覺得我的校園生活就這樣結束了。內心有些悶悶的，但那並不是不捨。

在公立學校，薪資職級最高是六五〇，我辭職時是六二五，再多留一年就可以到頂。平平問我：「為什麼不再等一年？」但我知道，該離開的時候就應該離開，人生不該留有遺憾，追求到頂沒有太大意義。我還笑著告訴平平，我的生日是六月二十五日，跟生日同樣的數字挺好的。畢竟，我也不年輕了，辭職對我來說是個重大的決定。回想過去，我才發現，內心深處一直堅持的信念是，「不要有遺憾」。

我第一次去國教院，是幫校長班上課。面對二十多位校長，壓力大到我的手不自覺發抖。那天，平平陪我一起去，她坐在教室後方。下課後，我自豪地看著她，然而，她卻淡淡地說，教室後方的校長們熱情舉手，我卻沒有點他們回答，時間一長，他們便失去參與的動力。

我反思問題出在哪裡。作為一名高中老師，面對的學員全都是校長，求好心切的我過於緊張。當前排校長舉手時，我彷彿看到救世主般，立刻點名他們回答，卻忽視了後排的校長，讓有學習動機的學員失了學習興趣，實在罪過。難過解決不了問題，我得想辦法再多做一點點。

後來，不僅是校長班，所有的班級在每一次小組討論後，只能邀請部分組別發表，但我總會加上一句：「有沒有不講會覺得遺憾的答案？」安靜幾秒後，總會有人趁機分享最想說的話，讓課堂不留遺憾。有時，大家對看無語，我會笑著說：「人生沒有遺憾就好。」這樣一來，學員不會覺得自己辛苦討論出的答案被忽視，而是他們自主決定是否要分享。於是，「不要有遺憾」逐漸成為我做事的準則，我總想著怎麼樣能再多做一點點。

我曾經榮獲教育大愛菁師獎，從副總統手中接過獎項。也得過全國SUPER教師獎的殊榮，全國包含幼稚園、小學、國中、高中、大學加起來只有七個名額。我總會想，這麼多優秀的老師，為什麼是我得獎？也許是因為我有兩個腦性痲痺的女兒，人生的際遇並不平順，挫折讓別人更容易看到我的努力。

當我的朋友們抱怨自己的孩子不好教，其他媽媽們總會笑著說：「看看仙女。」這時，大家似乎突然感到自己很幸福，負能量不見了。我不介意這樣的比較，如果能夠因此安慰到別人，或許就是我存在的價值和意義，這應該就是我在激勵講座中屢獲好評的原因。

常有人問我學校老師如何能到企業授課？我總會回答，老師的價值是看到學員優勢，讓他們發揮所長，團隊合作，共創佳績，與其看到不同處，更要看到相同點。教育無他，唯愛與榜樣。

當職場工作者與母親的雙重角色相疊，再加上兩個孩子都是身心障礙，需要額外的關懷與支持，這讓我的生活更加忙碌與充實。我深切感悟到，雖然時間有限，但我願意「多做一點點」，往往為他人與自己帶來無限的可能。回首過去，那些曾讓我歇斯底里、崩潰痛哭的時刻，如今已轉化為內在的底氣。正是這股力量，讓我在面對困境時，依然能保持從容與堅定。

我希望我的故事，也能成為你前行路上的一縷光，給你帶來力量與勇氣。

目錄

二、當責找到自我價值，發揮影響力

一

成為你想成為的人，培養你的底氣

01

一切的安排都是最好的安排

你事先規劃好自己的人生嗎？
每一步都如預期地往前進嗎？
不如預期時你如何調適自我？

二〇二一年四月九日，我從公立學校辭職。

辭職後的第三年，也就是七百多天之後，我才感覺漸入佳境。漸入佳境的是我的心境，不會焦慮沒有工作進來，不會煩惱安安應該怎麼辦，不會匆匆忙忙地覺得什麼事非做不可，臣服於現狀，接納當下的自己，也就是享受生命帶給我的一切，可能是意料之外的驚喜，也可能不如我預期的美好。

✰用力活的日子

回想過去的自己，活得好用力。教甄連續兩年考不上，覺得自己很差勁，不適合當老師；孩子一出生因產程缺氧導致腦性麻痺，面對諸多無法想像的不公平對待；教學上，學生的芝麻小事都是我的大事，最消磨熱情的是學生與家長的投訴；日子好難熬，好多次幫自己喊話，跟自己說「我一定可以，沒有什麼事不能改變」。

我想要的超簡單，不過是平平安安順利平安、學生開心上學，看似平凡，我卻要拚盡所有力氣，張牙舞爪，才能得到我所要的，就像睡個好覺對某些人來說遙不可及。

我在二〇一六年上TED前的文章，多半提的是我的教學工作，我用了哪些方法、我做了什麼事、如何帶領學生。有我在教學上的創新，更有學生們的質變，不論是成績、同儕互動與品格的提升。

外人看不到的是我怎麼帶孩子，在家時，孩子就是我的功課。我教平平寫作，包辦安安所有學科，國語、數學、職能治療、物理治療，任何能教的，我當仁不讓的搶著教，不會因為先生不教而引發爭執。

想要孩子進步，就自己教，沒有任何理由推卸責任。就算找到好老師，也是學方法，回家還是得自己反覆不斷的教，教到會想哭，為什麼怎麼教都教不會？

志同道合的夥伴激勵我

回想帶平平安安的歷程，就讀幼稚園和小學時，我還是懵懵懂懂搞不清楚狀況的家長，學校說助理員時數不夠，一週只有十個小時，我不能乾著急，趕緊自費請一個全天候陪伴的阿姨，協助安安從教室到廁所、外堂課的移行、上課時分神提醒她，跟我們說安安在學校的狀況。放學時，小姑送她們倆回阿嬤家。沒有安親班會想收安安，光是飲食和行動就讓老師一個頭兩個大。回到阿嬤家，阿嬤教她們寫功課，直到我們下班過去接她回家。她們倆是整家人悉心拉拔長大的。

那時候我已經是正式老師，但工作很不穩定，所謂的不穩定是我還不是很了解上課怎麼吸引學生注意，也不太會班級經營。偏偏我很喜歡當導師，要能夠生命影響生命，當導師更貼近學生，這是最有效的方法。也因此我每年自願擔任導師，這對很多老師來說是苦差事，對我來說反而是獎勵。

安安國中時，芳和國中的楊其誠老師和蕭秋寶老師都超棒，助理員到位，學校給支持，老師給讚美，那三年真是我的快樂時光。安安一進學校，我不用再煩惱她的事，就算前一天功課沒教好的挫敗，也忘得一乾二淨，我在教學中充電，我很珍惜也熱愛我的工作。

我的教學在班級經營成功後上了軌道，教學品質大幅提升，我開始參加教案比賽。得了些獎之後，陸續有其他學校邀約，每次出外的分享都讓我很期待看看外面的世界，認識像我一樣很認真的老師。我很需要朋友，很需要正向的回饋，支持我在孤單的教學之路繼續往前走，但學校的限制讓我不能常外出演講。直到我去上企業講師的公開班，遇到一群志同道合的夥伴，他們來自於不同的產業，我擁有不同的視野，見識到不管在哪裡，都會有一群為理想奮鬥的人們，我又活血了。

相信路在前方

安安的高中生涯是我的噩夢，沒有教育理念的學校，從安排行動不方便的她到二樓教室上課開始。她高二那年，我為了理念從公立學校辭職。高三，她因為在學校出事，我三不五時機動性的去學校接她，有時到學校不到兩小時，又得去學校接她；有時我內訓有課，她就去爸爸學校，爸爸的學生陪她說說話；我去學校演講，就帶著她過去，讓她坐在一旁，寫寫字或畫畫；有時候分身乏術，小姑和小叔就要幫忙照顧安安；我會想，如果安安沒有去念那所高中該有多好。每當我這麼想的時候，就會告訴自己不要再想下去了，該想的是未來怎麼做會更好。

高中畢業，平平念大學，安安沒有升學。我從安安的啟蒙老師，成為她社會大學的老師。她走的路都不是我以前走過的，我不知道該怎麼走，我只是相信路在前方。在我很沮喪的時候，我總會想起典範怎麼做，想起蘇文鈺老師給我的鼓勵，老師能這麼大愛教這麼多特教的孩子，我怎麼可以連自己的孩子都教不好？

「你必須用盡全力，才能看起來毫不費力」，離職前的我就是這樣。

希望的種子萌芽了

二〇二三年一月，迎來了希望。長庚醫院語言治療師楊若筠邀請安安到醫院講人文講座，我那時候還以為看錯了，怎麼會邀請安安，安安能講什麼呢？我一點信心也沒有。

我是若筠的高中老師，她是109的學生。若筠希望讓治療師們看到安安的成長與進步，要相信特教孩子是可以教育的，她讓我看到當年我鼓勵她們的樣子，「不要放棄，試試看嘛！」這是我教出來的學生，我感動得哭了。當年種下的種子，若筠讓它萌芽，安安是果實。

不再是學校老師的我，去過台積電上課，到中華民國愛自造者學習協會PTWA演講，也教身心障礙孩子表達和用AI生圖。不受限於時間和地點，我去到好多以前從未想像過的地方講課，就連安安也拿起麥克風開啟講師旅程。

我不再沮喪沒有接到的案子，祝福對方如願找到適合的講師；不會在意客戶貨比三家，代表他很在意課程；不會覺得天天上課才是厲害的講師，我有充裕的時間可以教安安。現在的自信與從容，是離開學校前的我所無法體會的。

我更清楚知道自己要什麼，營造愉快的課堂氛圍，著重人際之間的流動。我喜歡謙遜又有溫度的主管，喜歡有熱情有學習力的同仁，喜歡與我在講座中相遇的人們，喜歡與我擦肩而過轉身叫住我的人們，我感謝陪同我們前行的人們，我們共同打造彼此期望的世界，有人味、有情味，他們都是我眼中的神仙和仙女。

我不在學校任教，不用再綁手綁腳，處處都能打造有溫度的課堂。

安安沒有停止學習，她的教室更寬廣，更加友善，學習內容多元。

一切的安排都是最好的安排，我懂了。現在懂，剛剛好。

仙·女·老·師·的·砥·礪

面對未來的不確定，提供你五個順勢而為的方法：

一、離開負面的人和環境，離得愈遠愈好。

二、珍惜當下，意外可能比明天來得更快。

三、未來是由過去的努力和善意累積而成。

四、天使會一一的出現，路會愈走愈寬廣。

五、不設限的驚喜遠遠大過於自己嚇自己。

仙女老師的底氣

一切的安排會是最好的安排。

現在的你決定你未來的模樣。

02

底氣是找到你的「為什麼」

有什麼事是你一直想要做的？
什麼事是你覺得不做會遺憾？
什麼事你有義無反顧的決心？

太多人問我為什麼從公立學校辭職？

「如果知道送他到學校，會讓他死掉，我要一輩子把他揹在我的背上。」——葉永鋕媽媽的話多麼地讓人不捨。在安安進入高中後，我常有類似的心情。

我太熟悉學校對於意外的處理方式，沒有人出來負責，負責也喚不回孩子，究責也沒用，官官相護，官僚作風，家長能做好的就是防微杜漸。

✰媽媽的憂慮

安安高一還沒入學，學校告知我，她的教室在二樓時，我就感覺到不友善。要一個行動不方便，認知不好的學生每天上上下下，意外機會大增，怎麼會是這樣的處理模式呢？我無法理解。

更何況她是以綜職班考試入學，這是特教班的入學考試，校方早早知道她的狀況，處理有違常理，背離教育的實際做法。

我打電話到教育局詢問，孩子因為行動不便，教室安排在二樓，可以申請助理員嗎？承辦給我的回答是，「媽媽，妳不要無限上綱。」特殊教育的個別化需求什麼時候變成無限上綱，我無法理解。

我問了很多教育界前輩，如何能為孩子更換教室，他們告訴我，還是要看校方的態度。

我在臉書上分享「我無法理解讓拄著拐杖的孩子每天爬上二樓上課是什麼樣的教育」，安安的教室因此換到一樓。

安安換教室是因為一篇瀏覽量十多萬的文章，而不是因為孩子的實際需求，我又無法理解了。

雖然換了教室，但學校未能善待特殊生的態度強化了我的憂患意識。

✰教育的本質

一想到發生意外的悔不當初，我思考是否要留職停薪？說真的，我並不想賦閒在家，現實的是我的薪水比先生少，若真要留職停薪，那個人就是我。

接送安安上下學，防範突發狀況時，我可以第一時間衝到學校，沒有什麼比我的女兒還要重要，我做出留職停薪的重大決定。

高一下學期，同事頻頻問我要不要復職？他們要排導師，要配課，我總是無法給他們肯定的答案，猶豫不決。

留職停薪的一年，我並不快樂，偶爾接些演講，心裡空空的，這並不是我想過的生活。

安安升上高二，助理員時數被刪。特教生之所以名為特教生，正是因為他們的進步是要用放大鏡才看得清楚。怎麼能有些時段沒有助理員在身邊呢？萬一突然肚子痛，想上廁所，該怎麼辦呢？我又求助無門了。

下學期，安安要在朝會領二〇二〇全國啦啦隊錦標賽心智組第三名的獎項，我們全家超興奮，領獎通知單上寫著「著校服」。前一天晚上，爸爸還特別把她的卡其制服燙平，讓她能體面上台。

我們家的話題圍繞著上台要注意的事項，不斷提醒安安，右手拿著拐杖，左手不方便行舉手禮，可以鞠躬表示感謝；左手拿獎狀，右手拿拐杖，千萬不要都用右手拿，免得路走不好；安安興奮得一直說：「我要上台領獎囉。」

領獎當天，典禮組學生因為安安上身制服，下身體育褲，說她混搭不能上台領獎。我轉而走到校門口，向正在校門口與學生道早安的校長陳情。

我向校長說明，學校通知單上面寫的是著「校服」，安安依規定上身著制服，下半身之所以穿體育褲是因為腦性麻痺，手功能不佳，無法扣釦子，體育褲鬆緊帶方便穿脫。

校長說，「這樣的話，她這次先不要上台領獎，可以改成穿全套體育服，下週服裝穿好了，我特別讓她一個人上台領獎。」

這是什麼邏輯？

安安參加的是啦啦隊比賽，是團體榮耀，為什麼不能跟全班同學上台領獎？

我再幫校長設想，「我不介意您拿麥克風對著全校說，這位同學行動不方便，仍然每天認真的練習，代表學校參加啦啦隊比賽，爭取殊榮。因為她的手功能不好，無法扣釦子，只好上身制服，下身穿著體育褲。各位同學如果也是因為這樣的狀況，校長也能接受你混搭。」

校長說，「我沒有辦法為她破例。」

校長說，「我沒有辦法為她破例。」

校長說，「我沒有辦法為她破例。」

二〇二一年四月六日。「我沒有辦法為她破例。」震撼了我。

「因材施教」不正是教育的可貴嗎？

「扶弱拔尖」不就是教育的價值嗎？

在我的爭取下，學校給安安一件體育外套，讓她全身體育服上台領獎。但我的心情始終沒有平復，為什麼特殊孩子的權益要靠家長爭取？為什麼不是校長展現高度，走下台為身障孩子頒獎？

無障礙，指的不單是空間，環境，設施。

無障礙，更需要人的溫度，同理，成全。

✰辭職是為了完成對教育的堅持

十八年來為安安爭取受教權，發生過大大小小的事，我早已傷痕累累。安安上高中，我留職停薪，沒有上過一天班，我清楚地知道我不要成為下一個葉永鋕媽媽。

人們常說現在年輕人難教，年輕人不懂事，年輕人不就是大人們教出來的嗎？如果多一點大人以身作則，我們也能教出有溫度的年輕人。

我要把教學對象轉為成年人，從青少年教育跨足成人教育。

教老師怎麼對待學生，友善課堂，將班級打造成學習團隊。

教家長怎麼對待孩子，適時引導，幫助孩子展現天賦熱情。

教主管怎麼對待同仁，傾聽同理，跨世代領導的溝通技巧。

三天後，四月九日，我到我任教的學校辭職。

辭呈寫著「惟有感於教育不只在學校，處處皆可為教育。」

領獎事件是導火線，踩到我的底線，我也是那一天才知道我對教育的堅持與熱愛，超乎我的想像。

仙·女·老·師·的·砥·礪

提供你五個打開「為什麼」的開關：

一、先寫下你的願景或信念。

二、始終如一的行動是什麼？

三、你如何解決糾葛與衝突？

四、是否也點燃別人的熱情？

五、不去做會不會令你後悔？

仙女老師的底氣

義無反顧，憑藉信念。

不留遺憾，做就對了。

03 底氣來自於你的領導力

你是不是做著跟別人不同的事，不被看好？
是不是人家說你不行，你也認為自己不行？
是不是也自我懷疑，內心有很多的小劇場？

我經常感受到大家對我辭職報以羨慕的眼光，想像著能夠做自己想做的事，想像無比的自由與快樂，想像總是美好的，現實卻相當殘酷。

「高中老師能教我們什麼？」一般人腦中浮現出對於老師的刻板形象。既然是刻板印象，就侷限人們的思維，也限制了我所能到的場域。離職後有一年多的時間，我也曾經這麼自我懷疑，覺得自己不適合內訓，陷入人家說我不行，我就真的不行的迷思。

✫心理障礙是最大敵人

到底我是怎麼從高中老師成為企業講師？教學對象從青少年轉而到成年人，最先要克服的是我自己的心理障礙。

一〇三年，我得到全國SUPER教師，零星有些學校請我去演講，我去了之後挫折感很重。

教師場有三大特色：坐得遠，改作業，聊天聲音大。為什麼會這個樣子呢？學校裡無效研習太多，老師們課務繁忙，長期面對必須要參加的各種講座，早已疲乏，滿是無奈，就算校長邀請老師們往前坐，願意移動的老師少之又少。對講者來說，還沒開場，已經了解與會者興趣缺缺，毫無動力。

麥克風遞給我時，我還板著臉說，「老師不應該要求學生上課安靜聽講，卻自顧自的一直聊天，真的好吵。」

這樣講有比較好嗎？沒有。反而把氣氛搞得更擰，老師們認為我自以為是，侵門踏戶，反彈更大。

加上我實在不喜歡自己訓斥他人的樣子，尤其又是一群同業。我常回到家後，懊惱不已：早知道就直接演講，不要請大家往前坐，他們坐在後面也可以聽啊！不要請大家安靜，真的想聽的人就會認真聽啊！很多很多的悔不當初。

但我每到一所新的學校，還是發生同樣的問題。最誇張的一次，是有幾位老師暢聊到忘我，我被干擾得講不下去。他講一句，我停下來，看著他，直到他安靜。我再開口，他又繼續講，我又停下來，就這樣四、五次。

我直言：「你已經簽到過，真的不想聽的話，可以離開，不需要干擾其他老師。」話一講完，四、五位老師迅速站起來，走出會議室。

留下來是意願強、配合度高的老師。研習結束後，好幾位老師來問我問題，找我拍照，也順勢把學校裡的狀況說給我聽，「他們那幾個人就是這個樣子，就連校長都跟他們說過很多次，也拿他們沒辦法。」老師們問我怎麼這麼勇敢？

演講前的猶豫

二〇一七年八月，受陳文惠醫師的邀請，我到義大醫院晨會演講，講題：「教學也能不一樣——如何翻轉教學」。是醫生門診之前的時間，八點到九點。那是我第一次面對學校之外的人演講。

平常看病，在診間外候診，我就會練習先把想講的話想好，免得言不及義。基於對醫師的敬畏，我猶豫著要不要取消我擅長的分組？文惠跟我說，沒有人分組成功過，建議我不要分組。「該不該讓他們分組呢？」我不停地問我自己，那陣子每到夜晚，我睡得很不安穩。

教學多年的我，深知分組學習的魅力，最重要的是學員間的互動，加速形成熱絡的學習氛圍。我把分組的投影片刪了，又加回去；加回去覺得不妥，又刪掉；反反覆覆好多次。

演講前一晚，我依舊猶豫著該不該分組，超級擔心沒有人會配合我的指令，醫生耶，醫生怎麼會理我啦！我只是個小小的高中老師，又沒有他們豐厚的學經歷，連我都瞧不起自己了。

福哥（王永福）跟我說，「仙女，你相信福哥。」福哥以他多年在內訓的經驗鼓勵我勇敢分組。

當我在眾人面前說，「請大家站起來，找到你身邊兩個或三個人一組。」我還聽得到自己「怦，怦，怦，怦，怦」的心跳聲，可見當時我有多緊張。

持。

✩院長的支持

演講結束之後，主持人問有沒有人要提問？就在此時，院長拿起麥克風，他說的話影響了我之後的每一場講座與課程，我更感謝他在眾人面前給我莫大的支持。

「這是我第一次在晨會沒有使用手機，我平常聽晨會，會邊用手機處理公文，因為我們都是電子公文，今天我都在聽我們仙女老師的演講……」你沒聽錯，院長說的是仙女老師，讓我受寵若驚。

「通常我們開會有四種情況會全體起立：第一種是散會了，大家要離開；第二種是大頭來了；第三種就是醫院的評鑑；第四種就是今天這樣分組。這也是第一次，我那時候聽到要分組，仙女說要兩個人一組，我發現我旁邊那兩個人他們可以同組，我就趕緊走到左邊跟我旁邊的副院長一組，這樣我才有人跟我同組。」

我在演講後把院長的話記在備忘錄，以身作則的他讓我明白：講師不只教學，也是領導者，必須肩負起形塑氛圍的責任，連帶地我在之後超過四千人的大型演講中也勇於分組，沒有一場例外。

義大醫院杜元坤院長是骨科名醫，挑戰高難度醫學領域，成功開創治療臂神經叢的「杜氏刀法」，獨步全球。他行醫三十多年來，每月捐出一半的薪水做公益，金額已達一億多元。杜院長並長期協助澎湖醫療工作，我到澎湖演講時，常有人跟我分享杜院長醫術高明，態度和善，我感受過，我懂。

很感謝杜院長讓我看到了領導者的高度與格局，心嚮往之，我也期望能成為像杜院長這樣的人。

真正的領導者

安安高三那年，校長說了句，「我沒有辦法為她破例」，而不願意讓服裝混搭的她上司令台領獎。如果是杜院長，他會怎麼做呢？如果是我，我會怎麼做呢？與其抱怨校長缺乏教育理念，辭職讓我為自己解套，寫下「教育不只在學校，處處皆可為教育」，離開教育圈，我要打造更多仙女老師的有溫度課堂。

當我站在台前，不再覺得要求學員們往前坐是種冒犯；不再覺得制止學員是自以為是；更不再覺得分組會讓學員們陷入人際尷尬。戰勝心魔，我用的都是我再嫻熟不過的分組方法，得心應手，如虎添翼。

我很感謝邀請我授課的企業，學員熱烈的回應，絕無冷場。當董事長或中高階主管與我談話時，源源不絕的暖流駐足我心間，我知道我們是同一種人。

具有領導力的人能夠激勵團隊，看見問題，解決問題，最好還能看到人與人間的差異，引發互助精神，讓人們願意追隨，人人看見自己的價值。

仙・女・老・師・的・砥・礪

提供你五個找到領導力的方法：

一、你想成為什麼樣的人。
二、說你做的，做你說的。
三、言語與態度的一致性。
四、困難時刻做什麼決定。
五、哪些人因為你而受惠。

仙女老師的底氣

領導力與年齡和身分無關。
而是你想要成為什麼樣的人。

04

底氣是你要能「做自己」

你做的是你渴望做的事嗎？
你常掛在嘴邊是哪一句話？
你走在自我實現的道路上？

「做自己」是做你自己，不違法亂紀，展現自我的姿態，字面解釋很到位了。世界是座花園，百花齊放，然而在教育體制中是個挑戰，常被貼上負面的標籤。

打從我成為老師的第一天，目標就很明確，我想當個稱職的老師。雖然一路以來跌跌撞撞，就像嘗試分組讓我嘗到很多苦頭，我也從來沒有放棄過。

這跟我五專畢業後，在職場工作過三年的經歷有關，我很明白我不喜歡以前的工作，也不想在職場上渾渾噩噩的過，我想要充實的過每一天。

跟學生的分組拉鋸

我在求學階段，朋友很多，但是班上有些邊緣人，我不知道怎麼跟他們相處，只能維持點頭和微笑。當老師以後，想要打破人與人之間的隔閡，不管熟悉或陌生，同班便是有緣，這是我的想法。

學生的想法是：不熟的人跟我一點關係都沒有，說一句話都嫌多餘，座位要跟好朋友坐一起，交情好到黏TT。

學校是小型的社會，透過合作學習增加互動，學生不論情誼深淺都能依據討論題目對話，有些時候學生還會讚美我這堂課上得不錯（要贏得學生當面讚美好比中樂透）。

二〇〇一年暑假，高二升高三的暑期輔導，教書即將邁入第十年。當時，我課堂分組已臻成熟，班上出現不要分組的聲浪，我想假裝沒聽到都很難。

「高三，不要分組了啦！」擺明了不想再分組上課。

「高三應該讓我們好好念書。」直白的表示不想分組。

「妳應該為我們的將來著想。」分組不算為學生著想？

成績優異的學生不想分組，不想把時間花在討論上，想要直接餵養的答案。他們不想跟搭便車的同學一組，不想消耗精神維持表面關係；不把學業當回事的學生，想要力圖振作，為半年後的學測背水一戰，這樣的動力多半是三天捕魚兩天曬網，成效不彰。

高二週記裡，多少人自豪的寫著「我們是全年級最有向心力的班級」，面對大考，情誼如紙，吹彈可破，反彈的聲音愈來愈大聲，張牙舞爪。

高三課業繁重，學生心理壓力大，不是更應該敦親睦鄰，守望相助，有難同當嗎？如果你是導師，該怎麼處理？

如果不分組，不到一星期，滑手機和睡覺的人會增加。如果分組，有自覺的學生是火種，帶起學習氛圍。沒有誰該在團體中被遺棄，攜手負重前行，就能走得更遠，導師是領導者。

如果我高一、二分組，高三不分組，學生就知道沒有任何事比學測重要，我認為學測是過程，而不是阻擋學生學習的理由。

設計教學活動是最有效的方法，成功了就有可能延續分組教學，不然苦口婆心講再多，學生也聽不進去。

✰你想成為什麼樣的人？

九月開學，正在教屈原〈漁夫〉，屈原和漁父的問答各有觀點。屈原「舉世皆濁我獨清，眾人皆醉我獨醒」不同流合汙；漁夫代表超脫世俗桎梏，「與世推移」明哲保身的灑脫，我設計「做個有溫度的人」的教學活動。

我問學生：「你想要成為什麼樣的人呢？」

我接著問：「你的目標與理想是什麼呢？」

給學生八張標籤紙，每個標籤代表一個目標。八個願望，一次滿足。

「希望能一週當一次志工，回饋社會。」

「讓身邊的人每天都感到幸福和快樂。」

「希望像郭台銘一樣有錢，扶助弱勢。」

八十個學生，僅僅四個人寫到學測。多數人的願望裡有別人，能觀照到身邊的人，而不是只有自己，多麼的熱血啊！這才是青春啊！

再請學生將八張標籤歸納為一個字，這是一〇一年大學指考國文作文題目，

「我可以終身奉行的一個字」，一半以上的學生寫「愛」。

「愛」是多麼崇高的目標，寫得這麼好，想法與做法是否一致呢？教學不簡單，就在於真實事件發生時，學生是否能內化所學。師生通過這關考驗，願景具體可見。

熱血青春

十月的重頭戲是班級優良學生競選活動。我本來就不讓學生在班會課考試，要有討論議題，課本收在抽屜裡，說什麼都好，都是交流。班上認真推舉優良學生，更感動的是還設計「移形遁影術」助選。

唯一全班替優良學生助選的班級就是我們301。我常覺得優良學生登的是殘酷舞台，沒有教過學生表達，卻讓他隻身上台；有的班級三人、五人上台演個戲、唱個歌，再讓優良學生自我介紹，場面冷清。我們是全班，光是陣仗和氣勢，就是不凡。

投票當天，五點放學後，公布全校三十個班級當選的二名優良學生，我們班鍾采玲第一高票當選，全班三十幾個人在教室像自己當選一樣瘋狂叫喊，即將接受市長頒獎的采玲是301的榮耀。

珮瑜的心得讓我感動得想哭。

「從一開始的班會討論，有些人應該和我一樣，覺得『都已經什麼時候了！還有時間用這些，浪費時間！』但漸漸地，我發現大家的提議愈來愈踴躍；愈來愈多人認真看待這件事；愈來愈多人用心經營這件事；令我想起仙女講過的話『塞翁失馬，焉知非福』『利他就是自利』，省思一會兒，豁然開朗——我們要當個有溫度的人！」

曼妃的心得到現在讓我仍然很有感。

「當仙女要求全班要一起做事時，漸漸的發現高三生不應該只有書本，應該也要為自己的壓力找點樂子吧！在這樣的壓力環境下，就是要有這樣的團結，同學們之間才能相互扶持，一起為這條考試的道路上增添一點美麗的色彩，書本固然重要，但回憶是一輩子的。

「在這一次優良學生選舉活動中，省思到了不少事情，讓我知道『聚沙成塔』的力量和信念，一點一滴的累積了班上的感情，也因為有了這些power才能在讀書上堅持了些，心境上的轉變是面對學測最重要的事。

「或許301的功課不是最好，但誰知道日後的大老闆是否個個來自301呢？我們的活潑，熱情，創意和關心，才是在現實社會中缺乏的素質，運用了各種活動找到了生活的目的和自己人生的價值，外行人說301很愛玩，但真正待在301的我們知道這兩年在這裡學到的是一種態度和人生的高度，我會很驕傲的說——我來自仙女的班S301。」

十七、八歲的他們，有溫度，有高度。

做個有溫度的人

巧合的是模擬考的作文題目是「愛的力量」，這無疑是最好的寫作素材，學生們具體地寫下這場經歷，也是十個高三班級中作文成績最亮眼的。

「做個有溫度的人」的教案，讓我跟301得到「台大SUPER教案獎」第六屆壹等獎，讓人人都能被看見，也成了我課堂的基調與願景。

三年後，更嚴峻的考驗來了，身心障礙學生凱安的整體學習比一般學生慢很多，我著實感到困擾，也知道不是無解，只是還沒找到方法。

我想起在安安小學三年級時，自然科李麗華老師在安安的試卷上酌情給分，讓她有極大的自信，當時的我很佩服竟然有老師可以如此有彈性，我也想成為這樣的老師。

老天爺給了我機會，讓我教到凱安。我教他兩年，每次段考為他出個人段考試卷，是向李麗華老師學的，我要當個稱職的老師。

我很喜歡王爾德說的話，「做自己吧，因為其他人已經有人做了！」（Be yourself; everyone else is already taken.）

仙・女・老・師・的・砥・礪

提供你「做自己」的五個方法：

一、用一句扼要的話寫下你的願景。

二、用正面的話自我肯定喜歡自己。

三、難關和考驗都是測試你的決心。

四、自我實現的道路上向典範學習。

五、你做自己，別人也可以做自己。

仙女老師的底氣

做自己就是做自己的光。

讓自己成為喜歡的樣子。

05

底氣是找到你熱情之所在

你知道自己擅長什麼事？
你做的是自己喜歡的事嗎？
你願意比別人再多做一點嗎？

以前在學校任教，對學生要求多一點，會被學生碎念，「學習單寫不完」、「不想上台報告」、「遲到不想寫稿紙」。翻白眼「又來了」的不置可否是常態，好多人說這樣會澆熄老師的熱情。（真的有熱情，就沒這麼容易澆熄）

學生嘛！年紀小，不懂事，要再教育，我都假裝看不到他們的無奈。真的眼神對上了，就微笑化解尷尬，時間久了，學生就習慣了，說穿了就是比誰會堅持。

熱情是比較出來的

到內訓上課，第一次聽到學員說，「老師，妳為什麼可以七小時的課，臉上一直保持笑容？」我問，「有嗎？」當跟我說的人愈來愈多，我也留意自己確實有這樣的特質。

身處職場中，老師是個「方便」的稱呼。學員的學習除了專業知識與技巧，更有態度與價值觀。成年人比青少年願意給予回饋，我聽到他們以往缺乏的學習體驗，鮮少感受過的熱情，也讓我對自己有了新的認識。

先來說怎麼找到熱情？熱情是比較出來的。

當老師之前，我曾經在職場工作過三年，那一段日子真是苦不堪言。

我國中念放牛班，考不上高中，在五專和高職間選擇，選擇五專進可攻，退可守，學歷聽起來比職校好聽一些。同學說資訊前景看好，因為前景看好，就跟著同學念了電算科。

別人的前景不是我的前景，我對寫程式一點興趣也沒有。在學校不想上課，打瞌睡、翹課，沒有目標。五專畢業後，壓根不想寫程式，當了廣告AE，向客戶邀約廣告，只會在價格上打轉，缺乏專業知識，也不想維護客戶關係，半年後，索性離職。

想想自己「好像」有一技之長，程式設計師的工作還算好找。坐在電腦前的我，長期處於低成就狀態，程式寫著寫著常常卡關，直接找人問怎麼寫，不求甚解。上午上班等午餐時間，吃完午餐，把資訊室的燈全關了，睡午覺，下午等下班打卡。工作輕鬆、成就感不高，每個月最開心的事是領薪水。不喜歡寫程式又能如何呢，就是一份工作，有做就好。

我對寫文案有興趣，想轉換跑道，沒有相關的學經歷證明，履歷常石沉大海，我才萌生插大的念頭。

我不知道自己想要念什麼科系，但我知道我不想再寫程式。

我沒有太多學習愉快的經驗，國中成績不好，考試不到幾分，就要被老師用藤條打幾下，打瞌睡被老師叫起來罰站，最不想看到的是考卷和成績單，人生一片黑白。當過國文小老師，國文老師對我很好，陳美容老師在我國三第一次模擬考，差一分不能上紅榜，幫我作文加了一分，那是我求學生涯唯一一次上紅榜。

不然就念中文系好了，至於念中文系之後，未來的工作如何，不在我當時的考量範圍內，反正我就是不想再寫程式了。

念中文系改變了我的學習態度。透過文字，我感受到司馬遷的「究天人之際，通古今之變，成一家之言」的決心，李後主「問君能有幾多愁，恰似一江春水向東流」，感同身受的我落淚了。

成績優異到可以修教育學分，這是我學習階段的里程碑，我把國文科教材教法的試教帶入活動，老師的評價很高，一掃我向來覺得自己是個無用之人的陰霾。

成績侷限了眼界

成為高中老師後，我觀察到在台灣的教育環境裡，要求學生整齊，最好大家都一樣，學生很少有機會認識自己，不了解自己的長處，很容易看到自己的短處，考高分被視為最重要的學習目標。就算孩子不這麼想，家長一旦這麼想，孩子的學習也被框架在書本中了。

什麼樣的情況下，知道孩子不夠了解自己呢？

高一升高二選擇類組，不知道自己應該選擇文組還是理組：有些人以分數考量，國文好、數學差，就念文組；有些人考量大學入學考科，念二類組準備的科目比較少，先考上大學再說；有些學生放眼職業的選擇，對一類組敬而遠之，更有甚者，帶著鄙視的口吻。

家長礙於對現行升學制度不夠了解，以過去舊經驗指導孩子選擇類組，升學考試限縮了親子間對於類組的選擇。

考完學測，又得再審慎評估，到底該念哪所大學？要念什麼系？成績好的學生不見得有比較多的選擇，不願意高分低就，念的是別人眼中理想的科系；更多學生是分數到了哪裡，就去哪裡；也有的學生覺得自己這個也可以，那個也可以，事實上是不知道自己喜歡什麼，以至於沒有明確方向。

長期在意成績，不敢嘗試，缺乏跨出舒適圈的勇氣，也沒有機會探索自我，面對未來一片茫然，像極了國中時期的我。

你問我小時候在意成績，成績還這麼差！就是這樣才更慘，覺得自己一無是處，我實在不希望我的學生只看到成績。

教學的熱情

設計教學活動比課本知識讓學生容易記憶，生命影響生命是在每一次活動之後的省思中。帶著學生認識自我，探索自我，連帶的我也看到身為老師的價值。

改變不容易，但一改變就是永恆。

當老師之後，上下班時間對我不太有意義，不再急著打卡下班，下班時間改作業（也不覺得這叫犧牲），生活有了重心。

在私立學校任教，堂數多，超鐘點費多，也沒想過要離開。一直到讓學生罰寫次數過多被投訴，我才去考公立學校。

考上公立學校，我在教學上做更多嘗試，反正就是減少講述法，讓學生忙一點，幫助學生學習國文，也幫助他們看到自己的優勢。一個人好不如一群人好，我在班級經營上下足功夫。

平平安安一出生腦性麻痺，我經常是她們睡著之後，夜半起床。我把悲傷的時間拿來備課，我在教學上更加賣力，至少我還有一份工作。

為什麼我願意為教學花這麼多時間與精力呢？

回頭看看，我比很多人幸運，在大學時期找到了自己的興趣，長期投入，也享受工作帶來的滿足與成就。

很多老師說教育政策改變，恐龍家長爆多，學生一屆比一屆難教，打擊教師士氣。這些都是現況，各行各業各有要面對的問題，職場從來都比想像的困難。

仙·女·老·師·的·砥·礪

提供你五個方法，「看到」自己的熱情：

一、你做什麼事感到快樂？別人覺得苦而你樂在其中。

二、什麼事你能做出差異？讓人們眼睛一亮印象深刻。

三、哪件事讓你忘卻批評？跌倒了調整情緒重新出發。

四、哪件事你會挑難的做？享受自我實現帶來的快意。

五、你長期累積做什麼事？自有一套解決問題的方法。

仙女老師的底氣

熱情是火花，是一股跨界也能感染人們的力量。

熱情是希望，是一道迷茫中能照亮前方的光芒。

06

底氣是你要能決定自己的價值

你在工作中首要追求是什麼？
你如何衡量自己的工作價值？
你如何為自己開出漂亮價格？

太多人關心我從公立學校辭職，拿回多少退休金？
我是辭職，不是退休，退休金0元。我拿回的是退撫基金，教職期間從每個月薪水扣的退撫基金，共五十二萬。
公立高中的老師鐘點費是四百元，本薪加上研究費，我每個月的薪資約七萬上下。

特別要提的是導師費三千元，要照顧將近四十名學生，聯繫四十位以上家長。問問現職老師，有多少人主動擔任導師？我每年自願擔任導師。

在職期間，我也會接演講，演講的鐘點費一小時二千元。我接演講有兩個原因：

第一，我想要跟更多人分享我的教學設計，讓大家看到學生發亮的眼神，不要老是批判學生不努力，老師們可以嘗試我的教學方法，教學是能夠帶來改變的；第二，學校的環境很封閉，有機會出去演講，取經別人的作法，不至於成為井底之蛙，還能認識有志一同的老師。

我也取得美國**AL**加速式學習引導師認證、美國**ATD**培訓大師認證、美國**ATD**學習效果評估認證，我花時間也花錢投資自己，你身邊有這樣的老師嗎？

好好珍惜願意教學，又願意學習的老師。

教學的價值

我始終認為教學是專業，一如我的辭職，我更在乎工作的價值。

我不打薄利多銷，願意找「仙女老師」的人，才是我的目標客群。

曾經有補教業者請我去上課，聽到我的鐘點費，驚訝地說，「妳不是到學校演講才二千元，怎麼開價這麼貴？」

業者是如何訂出補習費的呢？如何看待收進來的學生呢？如何掌握學生的學習？如何親師溝通呢？

後來，我們合作好幾次，他還轉介紹我到其他補習班師訓。有理念的經營者用鐘點費肯定我的專業。

教師研習是我認為最難講的，困難到每次進到會場，我都會深呼吸好幾口。大家說教師研習場很難互動，多數是被動來的老師，這兩點都對。老師們最怕無效研習，怕的是曲高和寡的政策宣導。

有個好朋友問我是用什麼樣的心情講教師研習？

「歡喜心，做公益。」我常會想起慈濟師兄師姐的慈悲，我期許自己向他們看齊。

找我最多的是特教研習，主要還是因為我在TED上提到特殊生。特教老師勞苦功高最讓我佩服，我把自己視為特教老師的夥伴，問他們在校內看見哪些問題，我把問題的解法加入講座中，我們一起讓特殊生的需求被其他老師們理解，進而願意給孩子們多點彈性。

找我演講的校長都是我的朋友，長期看著他們為學校盡心，我很榮幸能成為他們的戰友。學校裡各種狀況我遇到的不少，與教學相關的需求我都能講，我們一同為教育而努力。感謝他們不嫌我麻煩，配合我準備適合的場地和教具。更謝謝大家請我吃飯，給平平安安的伴手禮，心意無價。

影響一位老師，影響的是一屆又一屆的學生，我看重的是孩子的未來。

跨出舒適圈，迎接教學挑戰

我辭職的目標是想教出有溫度的大人，我最熟悉的青少年族群，反而最先被我捨棄，我跨出舒適圈更大一步。

我只在寒暑假開青少年簡報和故事表達各一班。青少年哪裡願意參加表達課呢！家長們開家庭會議說服孩子，更有家長帶著孩子從中南部搭高鐵或火車上北上。還跟我說「好值得」，他們跟我一樣認真看待孩子的學習。每年有數十位的青春期學生成了我的小確幸。

我樂於迎接教學的挑戰，企業內訓將我帶到不同的場域。

我的第一場內訓，是為香奈兒全國櫃長上「故事影響力」，幸運的見識到國際品牌對於課程的要求，與我的自我期許不謀而合。

記得課程對焦那天，我穿著藍色洋裝，Anna跟我分享香奈兒的企業識別色，此後我每一次到香奈兒上課，只穿黑色，不做其他選擇。我一直很感謝Anna的教導，讓我在自我實現的道路上又往前進了一步。

教學是專業

我這輩子從沒想過我的TED影片會是我的最佳自我介紹。

辭職第一年，TED故事讓故事影響力打開內訓市場，口碑發酵後，內部講師訓、團隊領導、跨世代溝通也陸陸續續進了內訓。

下課時間，總會有幾位學員來跟我討論親子如何相處、如何提升孩子學習力，印證了我說的教學是專業。

離職第一年，先生報稅時跟我說，「我們家今年退稅」，很感謝先生那時候沒有唱衰我，要我持續向高時薪邁進。

離職第二年我光是捐款給PTWA的金額是十四萬，蘇文鈺老師還跟我說不要捐這麼多，要把錢留給平平安安。我跟老師說，我一定會愈捐愈多，也謝謝邀約我上課的人們。

仙・女・老・師・的・砥・礪

提供你五個衡量自我價值的方法：

一、你把什麼放在首要的考量？

二、金錢之於你的意義是什麼？

三、你為什麼值得這樣的價碼？

四、你的獨特與專業性在哪裡？

五、你身邊的人是否珍視著你？

仙女老師的底氣

你怎麼看自己，別人就怎麼看你。

你的所有努力，別人都看在眼裡。

07 底氣是具備跨界的溝通能力

你有沒有把專業說得簡單的溝通能力？
你有沒有能有效萃取工作重點的能力？
你能不能拆解成功經驗的方法和步驟？

王永福福哥曾經跟我說，「我們在企業上課，一天就要把一門課教會給學員，跟你們在學校裡上課十八週是不同的。」

確實很不一樣，內訓的教學時間有限。以小時計，上課前要訪談、聚焦課程目標、設計教學內容，說明授課方式，還要能即學即用。七小時見真章，實戰演練，拳拳到肉，讓學員信服，展現學習成效。學生主要的工作是學習，分上下學期。國文課一學期要上十三篇文章，有白話文也有文言文，種下人文素養的種子，語言表達的基礎，傳統價值觀是一直要到學測放榜，學生考上哪一所學校才算完成學習驗收。以我說，真要看成果的話，至少要放眼十年後。無論內訓或是校園，延遲下課都會讓大家不開心，我向來準時。

教學的技術

常常有很多老師問我，上課安排這麼多活動，教得完嗎？課會不會上不完？學生會不會都在玩，反而記不得課本內容？

一週四或五堂國文課，時間有限，如果什麼都講、什麼都教，當然教不完。倘若字字都是重點、句句都是精華，學生根本吸收不了這麼多，也無法掌握到底哪些是一定要學的，學習者需要教學者有方向的引導。

又有老師說，如果不全部都講，學生就不肯念。我說就算全部都講，沒有系統，引不起學生興趣，講再多也沒有用，只是老師覺得自己很認真而已。重點是怎麼講，怎麼教，讓學生短時間能理解，記得住，會應用。

老師先要有知識萃取的能力，將這堂課要教授的知識、技能與態度提取為可學習的具體知識架構。也就是五十分鐘的課堂，要清楚知道自己要教的是哪幾個重點。

舉我的例子，人家問我怎麼樣揮別蝴蝶袖，我要能說出在健身房使用哪些器材、在家有沒有替代方式，甚至是飲食與生活習慣該怎麼調整，會健身跟會教人健身是兩回事，這就是教學的價值。

✯引發學習動機而後理解知識

我在高中任教時，很多老師會在學期初訂試卷，甲卷和乙卷，一個是基礎題型，容易做答的版本，另一個是提高難度，變化題型多一些，我都沒訂。

為什麼呢？一半以上的學生沒念書裸考，更有好幾個學生拿到考卷就亂猜，甚至寫都不寫，直接趴下補眠，認真的學生不多。考一張試卷將近一節課，講解又近一節課，考卷很難吸引學生注意。

教學活動讓學生興致勃勃，爭相答題。不要怪學生沒有學習動機，辛苦備課就是要幫助學生有效學習。至於極為少數認真的學生，主動性高，就算沒考試，也會買參考書練習。

我會找出文本主軸，將最重要的觀念帶入情境，不管是PBL（Problem Based Learning，問題導向學習）還是合作學習，讓學生在活動中體驗。

我曾經將全班分成兩組，失敗的組別要肩搭肩搭成小火車繞行校園兩層樓，當學生寫出「一個人做蠢事，是白癡；一群人做蠢事，那叫做青春」，得來的成長型思維令人拍案叫絕，比我們大人說再多次「失敗為成功之母」還有用。

至於知識性的內容，舉凡是作者或是文本賞析做成課前學習單，學生上網查資料完成。再將學生作品作成簡報，優秀作品得到同儕驚嘆，有誤的作品設計成「大家來找碴」。班級經營做得好，大家共同從錯誤中學習，避免一錯再錯。我在二〇一九年出過《仙女老師的有溫度課堂》，寫的正是課程設計和教學技巧。

常常聽到很多學生說，聽不懂老師授課內容，久而久之就放棄不想聽了。專業本來就不好懂，要降低學生進入知識殿堂的門檻，就要避免陷入知識的詛咒。

知識的詛咒是形容專家擁有比一般人更多的知識，在溝通時常以術語交談，從而喪失與非專業人士溝通的能力。說得不清楚有兩個原因：第一、老師懂得太多，卻無法簡要說明白，學生聽得很吃力；第二、老師了解不夠，無法掌握核心，學生抓不到要點。愛因斯坦說，假如你無法將一件事簡單解釋清楚，你就是對它不夠了解。

因此教學語言要平易近人，要能中翻中，以已知帶入未知，用他懂的語言讓他一聽就懂。故事法、比喻法、影片法、類比法都是我嫻熟的，再加上教學技巧，學生每每精神專注，屢試不爽。我在二〇一九年，和朱為民醫師把說故事技巧寫成《故事力》，教大家用通俗的語言把專業說得簡單。

比聽得懂更高的層次是要能夠應用，此時就需要教學步驟的拆解。「我說給你聽」是多數老師作得到的，做得到「我做給你看」的老師少了些，極為可惜。

✰做中學，然後能表達

受限於考試與進度壓力，能夠花時間驗收「換你做做看」的老師少之又少，而這卻是最能了解學生學到多少的關鍵。常常學生畢業後，回到學校，最常跟老師說「老師，妳教的我都忘了，但是我記得〇〇〇。」做過的不一定記得，沒做過的肯定不記得。〇〇〇，多半是他們做過的，更多的是當時做錯了，嘗試錯誤，反而印象深刻。

這時候教學生表達力就很有用了，每教完一個單元，讓學生說說學習的心得，運用電梯簡報，先說結論，列舉大綱，最後細項說明。運用二二二法則，雙眼看著觀眾，兩隻手自然垂放兩側，跟觀眾保持兩步的距離，增加親切感。三年訓練下來，學生各個能夠自然表達，小至課堂發言、班級會議，大至社團成果發表和大學面試。

回到內訓課程，許多超級業務、帶人主管、一線客服、內部講師，他們績效很好，你問他怎麼能夠這麼厲害？他會說，「就這樣啊，就這樣就成功了。」哪可能這麼簡單啦！這些人可是行動寶庫耶！

透過訪談、觀察和對話，把他們的Know How萃取出來，找到知識點，逐步拆解，讓他不只是特例，而是可複製可轉移的方法，提升企業競爭力，運用的正是上述的溝通能力。

仙·女·老·師·的·砥·礪

提供培養跨界溝通能力的五個方法：

一、要有把複雜說得讓人秒懂的溝通能力。

二、要能夠運用兩種以上方式讓對方理解。

三、具備中翻中也就是換句話說的超能力。

四、從成功經驗萃取可複製的Know How。

五、方法和步驟明確，編成口訣方便記憶。

仙女老師的底氣

軟實力源自於把對方放在心上。

教學力來自於成功經驗的積累。

08

底氣來自於實戰中的淬煉

你知不知道對方的基本需求？
遇到問題是不是能立即解決？
你為團隊帶來哪些附加效益？

為什麼我可以從學校走向企業內訓？第一個重要的關鍵是，上課型態與內訓無痛接軌。

學生的上課反應

內訓小班課程，分組是常態，助理會詢問我要分成幾組？一組多少人？要打散分組，還是同部門一組？主管跟同仁可以編在同一組嗎？也會把場地照片傳給我，確認該如何安排分組座位。

上課當天，一進訓練教室，HR和助理早已把座位排好，現場調整組別一二三四組的順序，該從右到左還是由左到右？我授課所站的位置會不會擋住哪一位學員？後排的學員會不會被前排學員擋到？電視螢幕需不需要全開（有些場地有兩、三個螢幕）？

五十人以上的課程，礙於場地無法呈分組座位，是以三、四個人一排為單位分組；有些公司五百人以上的課程，在五星級飯店，採用每桌十人的圓桌。人數眾多，多變的分組形式，缺乏分組經驗的老師很難控場，教學品質也大受影響。

不管過去或現在，學校老師多數還是維持著講述法，學生沒回應，一說要抽籤，就有人醒了。再不就是玩大十字，以緊張感拉回學生注意力，再問問題。

抽籤的時候，全班的表情是恐懼的，寫著「不要抽到我」。還有一種情況，抽到八號，再抽還是八號，八號要不是很有人緣，就是同學覺得好玩，籤筒裡好多支他的籤。不管抽到幾號，其他人都會深深吐口氣，拍拍胸口，想著「好險沒抽到我」。

我不想要再抽籤了，學習不就是要激發學生的主動性嗎？為什麼要搞得氣氛這麼凝重，增添學生的焦慮？

迴異的分組上課氛圍

二〇〇八年，也就是九十七學年度，我接高二，任教兩個班，導師班是一類組，任課班是三類組。開始嘗試分組教學，一週約有兩次上課分組，也不會是五十分鐘都分組討論，可能討論的時間只有三十分鐘，其他時候還是講述和抽籤。

每次請學生搬桌椅呈小組位置，就必須要忍受學生充滿厭世感的表情，一個學生就算了，如果三分之二以上都是這個樣子，你還會想分組嗎？如果你是家長，家裡一個青春期孩子就夠讓你頭大了，我面對的是四十位核彈等級的青少年。

配合度不高，有各種你想得到的方式。嘴裡說著「不搬桌椅也可以討論啊！要討論再走過去組員旁邊就好啦！為什麼一定要搬桌椅？」也會有一、兩個學生不搬就是不搬，看看我能拿他怎麼辦？循規蹈矩的學生看著別人不搬桌椅，也在觀望中，不知道該不該搬？光是改變座位型態就讓上課一開始的氣氛糟透了。

進入課程，問學生問題，不再抽籤，改成小組討論。你猜猜怎麼著？沒有人討論，鴉雀無聲。低著頭的學生無言抗議，敢說話的學生明著問，「你不是知道答案，你自己講就好啦！為什麼還要討論？」這是我的導師班，一類組，女生多，喜歡安安靜靜的聽課。

我任教的三類組，實在太讓我喜歡了，班級氣氛歡樂，又了解我分組的用心，也能夠體諒我在問題設計上經驗不足，引導討論技巧不夠成熟，他們簡直是我的貴人。

請他們搬桌椅配合度頗高，會不會有不願意搬桌椅的學生呢？當然有啊！有領導力的學生張凱軍出面協調，根本不需要我費心。小組討論還真的能夠討論出我沒想過的答案，我們師生都在摸索一條新的路，彼此包容。

那時候，每次要上導師班的課，心情就很不好，明明知道學生不配合分組，還要千拜託萬拜託，低聲下氣。也會見縫插針故意酸學生不認真，說到底，是我自己教學不力。

反觀一進三類組教室，我熱情的開關就被打開了，神采飛揚，控制不住在一類組受到委屈，還會對三類組學生抱怨一類組班不夠積極，學生之間把我的話傳來傳去，加深我與導師班的鴻溝。

即使我請班長居中協調，開誠布公地跟班上學生道歉，班上討論的情況始終沒能好轉。我也觀察出來三類組的氛圍很好，討論狀況好，班級經營是必要條件。

也有學生跟我說，「不要再試了，有些人就是不想討論，他們只想聽課、抄筆記」，那兩年是我教學中很漫長的日子，我從來沒有這麼渴望放寒暑假，學生何嘗不是想回到傳統的聽講方式呢？

沒有人逼我分組，雖然我做得不夠完善，但我還是想要繼續嘗試，分組才能幫助更多的學生，不讓學生處於不安的環境中上課。不會的時候不用擔心孤軍奮戰，而是有組員集思廣益，團隊合作有助於提高學習效益，教學不只是「教書」，更是「教人」。

三類組學生陳皓群，考取輔大，面試第一名的她，特別感謝我讓她在課堂上常有表達的機會。大一升大二，她參加台大轉學考，國文只有一篇作文，「士不可以不弘毅」，她傳訊息給我，一看到題目，連題目都看不懂，很多人放棄作答，她憑藉著以前小組討論的能力，拆解題目意思，提出自己的看法，成功考上台大，皓群的回饋是我前進的養分。

☆學生的回饋是我前進的養分

二〇一〇年，也就是九十九學年度，我重新帶高一，導師班101依舊是一類組。我在問題的引導上更為具體，礙於教學手法不夠成熟，不敢每堂分組，學生會問，「怎麼今天沒分組？」「分組比較好玩。」他們的回饋激勵了我。

隔年，我已經可以天天分組上課。上課前，學生自動排好桌椅，不用起立，不用敬禮。一進教室，我第一句話就是「第一題……」，小組討論，節奏明快。下課時，一定要起立敬禮，我們師生為彼此的認真向對方道謝。

好幾個學生跟我說，分組很好玩，很開心，又沒有壓力。我問他們「以前沒有分組過嗎」？

「我們以前的老師也有分組啊！可是他要我們搬桌椅，我們不想搬。他要我們討論，我們不想討論，他就不分組了。」我彷彿看到當年嘗試分組的自己，他們放棄了，而我累積成功經驗，堅持下來了。

✰分組上課的附加價值

回到內訓，分組上課有哪些附加價值？

藝珂集團亞太區市場策略與研究專家基尚．戈揚（Kishan Golyan）分析，在數位時代，有效傳遞想法、面對面溝通，反而更重要。在以往，團隊合作只是「最好有」（good to have）；到了今日，卻變成「必須有」（must have）。

分組十五年的我，處理過大大小小因為分組帶來的困擾，兵來將擋，水來土掩。有企業上過我的課後，看到原本嫻靜少言的學員暢所欲言，放不下身段的學員變得主動積極，課堂氣氛融洽，笑聲連連，詢問我是否有開團隊領導與人際溝通課程，也是看重我在分組當中的深厚經驗。

仙·女·老·師·的·砥·礪

提供你五個自我檢視是否具備足夠實戰經驗的方法：

一、你了解對方的基本需求嗎？

二、面對最困難問題如何解決？

三、成功經驗能否複製與轉移？

四、能因人因時因地及時調整？

五、為團隊創造哪些附加價值？

仙女老師的底氣

實戰經驗是挑戰，也是成長。

附加價值是驚喜，也是禮物。

09

底氣是帶著同理心排除萬難

你是否具備發現問題的能力？
你看見問題是否有智慧處理？
解決問題能否提升團隊效能？

我主要的工作是演講與授課。公開班的學員是自己付費，主動報名，有強烈的學習動機，眼睛炯炯有神，有句話說「給錢才是真愛」，願意花錢投資自己也就代表心態上做足準備，學習態度積極。

自從了解學校老師百般聊賴的研習樣貌後，到了企業界，我也能感受到有些人是被公司要求來上課，有些人是不知道為什麼被指派過來。挑座位先挑角落位置，插座附近優先坐滿，坐得離講師愈遠愈好，這是很重要的觀察指標。從小以來的填鴨教育，帶給許多人痛苦的回憶，害怕上課，害怕老師一直講，一直講，更不喜歡權威式的打壓。

長大了，進入職場，還是會害怕上課，害怕講師照本宣科，害怕大量理論無法實際應用。久而久之，業務員進進出出講著電話，無法離開教室的人，要不專心滑著手機，要不打開筆電做自己的事，假裝耳朵打開，挑想聽的聽，對於課程內容一知半解。好不容易有了互動，變成閒聊或尬聊，實戰演練的回饋過於空泛。更讓學員介意的是無法掌握教學進度，下課超時，更別提無法即學即用。

看懂了這些現象，在上課初期先處理好學員的心情，課程自然能順利進行。

將心比心

第一次教「內部講師訓」時，我提早一小時到教室，HR向我指了指某位學員，跟我說明他公務繁忙，如果他不想聽課也沒關係。

如果是你，你會怎麼做？

因為他一臉臭臉，就覺得他不受教？因為他面無表情，就不敢靠近？相信HR的話，放他一馬？

說實話，我當下玻璃心碎一地，超受傷，心想內訓花了大筆培訓費用，怎麼就可以不用上課，難道是因為我是高中老師嗎？都還沒上課，就否定我的教學能力嗎？

高中生不想聽課，我還會花心思把他們叫起來。不對，我的學生上課是不會睡覺的，他們也睡不著，課程設計讓他們忙得很，內訓怎麼可以放任學員呢？

我決定把破碎一地的玻璃心撿起來，走到那位學員的身邊，先跟他寒暄，問他怎麼這麼早就到教室？他一定很優秀，才能成為內部講師。他靦腆地對我笑了笑。

一上課，我沒有感受到他對於課程的排斥，反而經常第一個舉手，有好幾次他還會鼓勵同組的組員分享，是個很有領導力的人。

我也會特別在下課時，走到他身邊跟他說上幾句話，他的謙和與上課前的嚴肅表情判若兩人，他們那組在他的帶領下成為冠軍隊。

冠軍隊可以優先選擇下一次上課演練的順位，他一馬當先地挑了第一個。第一個是險棋，他的當仁不讓，讓我更加欣賞他。

課程結束，他親手寫了卡片送我。

「雖然僅僅一天的課程，老師除了教我們許多工具外，更傳『道』給我們，將心比心，做一個有溫度的人。無論是您的態度及言語，都讓我感受到Super老師的力量，以身做典範，以鼓勵代替責備，以幽默及智慧化解尷尬，謝謝您今日的課程。您是最棒的。」

他不知道這是我的第一場「內部講師訓」課程，這張卡片對我有著極大的鼓勵。

沒有不長進的學生

第二次的演練，他跟上次一樣，早早到教室，神采奕奕跟我打招呼，把白板準備好，走位練習，得到冠軍的他把光芒歸給了我。

他由被動到主動的轉變，讓我感受到，身為講師，傳授的絕不只是教學技巧與互動方法，傳承的更是價值觀與企業文化，讓公司日後的訓練能夠更扎實，有賴於教育的魅力。

既名為「教育訓練」，「教育」當在「訓練」之前，更可見底蘊的深厚。也就是一個人散發出成熟寬厚，從容自在，胸有成竹的器度，對工作帶來的正向影響更長遠。就跟「品學兼優」一樣，品格置於學業之前，了解其中的差別，學習的方向也就更加明確。

簡志翰總經理也坐在教室後面跟著我們上課。過沒幾天，他傳訊息給我，跟我分享他去對大學生演講的事。

他原本擔心對大學生演講，會睡倒一片，想起我的「白板教學法」，並善用讚美與鼓勵，學生們迴響熱烈，他被大學生專注的眼神感動了。

同樣一堂課程，我又被總經理激勵了，果然沒有不長進的學生，只有沒溫度的老師，真可說是「一法通，萬法通」。

我在中國端子教了四年，共四梯的內部講師訓，培養了一群既有教學方法又有溫度的講師。

處理心情先於處理事情

回想我在公立學校，面對的泰半是缺乏學習動力的學生，我是怎麼讓他們卸下心防，願意聽課的呢？

珍惜積極的學生，雖然寥寥可數。環視全班就能知道誰今天有狀況，誰的學習意願低落，高中生表情管理能力極弱，滿滿的情緒寫在臉上，這是我教學多年以學生為中心，培養出來對人的敏感度。有些老師不想花時間處理學生的心情，或選擇冷處理，只想趕緊上課，趕完教學進度。學生問題沒解決，根本無心上課，不好的教室氛圍就像病毒，教學效果大打折扣。

我的做法是帶著笑容進教室，不花時間批評不想學習的學生，這是對認真學生的尊重，他們不需要耗費時間聽老師罵人。先讚美學生做得好的地方，或者說個小故事，引起學習動機。趁小組討論時，走到需要關懷的學生旁邊，跟他說說話，讓他知道我在意他。人是希望被看見的，就算有狀況不想上課，我也能諒解。然而，經過這麼一問，他反而找回上課的動力，暫時忘卻心裡的苦悶。

同理心是跨界必備的能力，無論青少年或是成年人，先處理心情，再處理事情，就能事半功倍。

仙·女·老·師·的·砥·礪

提供你五個培養同理心的方法：

一、不先入為主貼負面標籤。

二、重視非語言訊息的提醒。

三、接納他人情緒給予支持。

四、先釋出善意問候與傾聽。

五、把看到的好讓對方知道。

仙女老師的底氣

看見問題，需要冷靜。

解決問題，需要同理。

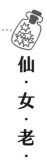

10 底氣是真誠的回饋成就彼此

你會不會聽到有人要給你回饋，就感覺又要接受一場批評？

你會不會希望有人給你具體改善建議，但他卻無法說清楚？

你會不會期望有人看出你的優勢，挖掘你未被看見的潛力？

從教高中生到內訓，以終為始，目標都是讓學員成為更好的自己。

針對個別差異回饋是我在校園中最常做的事，這是我的教學DNA。

你有沒有聽過一種說法，「你想聽實話，還是假話？」選擇實話，擔心一針見血，話說得太實在，真切到讓人無法承受；又不想選擇假話，不想只是滿足一時虛榮心，對長期發展幫助不大。

在以往的學習經驗裡，對於回饋的期待多半參雜著不安與緊張，免不了會被刁難、質疑和否定。老師抱著「我是為你好」的心態，一定要說出學生的缺點，用語重一點，他才知道要改進，以至於搞得對方下不了台，說有多尷尬就有多尷尬，更別提對方會因此改進。另一種說法是不能一直告訴他有多少優點，免得他太驕傲，自以為是。

也有一種是只會教，只會做，卻不知道怎麼具體而微的給予建議，以至於講得不清不楚，學生聽得一頭霧水，聽了還是不知道怎麼修正與調整。多數老師不常給回饋的原因，認為應該把重點放在教學內容，回饋過於浪費時間，實在是大錯特錯。

回饋是幫助學生成長的關鍵，也是老師適性而教的表徵。為的是幫助學生了解自己的表現，知道如何還能讓自己更好，進而提升能力，有所成長。

在跨界之後延續累積的專業

曾經有學員問我，「仙女老師，你不是我們這個產業的，為什麼你的回饋讓我覺得你在我們這裡待過？」跨界代表著必須跨越不同的產業鴻溝，我是如何將累積的教學經驗在跨界之後延續呢？

我來提提我在教高中生的時候做了哪些事？

我始終相信求學階段，課業成績不是最重要的，而是要幫助學生自我探索。

我想教學生們說出自己有熱情的事，說出讓他們眼神發亮的事。能夠說出自己的故事，就有機會在高三面試脫穎而出，選擇喜歡的校系，開展嚮往的人生之路。

看似良善的立意，青春期的孩子才不買單呢！直接一點的人，極度反彈，厭惡寫在臉上，咆哮「別班只要小考，為什麼我們班要上台報告？」

我任教兩門學科，一科國文，一科論語。為了讓學生們感受到付出就有收穫。我鼓勵學生表達，坐著回答+10分。站著回答+20分。到講台對全班說+50分。這是論語的期末總成績。

上台兩次，就能得到滿分，你家裡從來沒有一個人高中時候還能有一個學科拿一百分吧！這可是一件光宗耀祖的事。學生對光宗耀祖不為所動。

「這堂課的學習目標是只要你願意開口說話就好，答對和答錯都是同樣的分數，你可以選擇不要被當。」重複頻率之高，讓我覺得自己像下午巷口賣十元麵包的攤車。

不敢上台的學生需要好大的鼓勵，有能力的學生又賭氣不想上台，認真準備的學生少之又少，我也感到沮喪，覺得搬石頭砸自己的腳。

我反省我是不是太苛刻？是不是沒有給學生足夠的安全感？大環境不重視表達，學生有反對的理由，青春期的孩子測試成年人的底限很有一套，我堅持得很吃力。

✰回饋要有用，建議要具體

回饋拉近我與學生的距離，回饋讓學生看到自己的進步，回饋讓學生感受到自己跟別人不一樣，是一件很棒的事，大大方方的認同自己，他們覺得仙女跟一般老師不一樣。

台灣教育因為要便於管理，要求孩子們整齊劃一，諷刺的是大學面試卻要展現他的獨特。學生平日沒練習，面試更是自曝其短，破綻百出。

「你提的兩點建議，如果可以再具體一點會更好。」這是平常我們聽到的回饋，不痛不癢。

我的學生已經練到，「你提的兩點建議，第一點說得很好，眼睛要看著對方，你也看著觀眾說話。第二點如果能加上動作會更好，就像我現在比出握拳的動作。」

學習從模仿開始，我的學生即時回饋能力超乎常人，我很慶幸他們用自己的溫暖點亮別人。就算被同儕點出弱處，有什麼關係呢！大家相互學習，不會出現那種被嘲笑，想鑽地洞的尷尬。

我的高光時刻是在高三學生面試回來之後，爭先恐後地跟我分享他們面試時的精采。

「仙女我跟妳說喔，團體面試大家都好緊張，只有我敢回答」；「我敢看著教授的眼睛回答問題耶」；「就像仙女妳平常幫我們上課那樣」。

「面試時，有一位教授發現了我高中的論孟成績非常好，當下的我好激動。」許家寧用我教的說故事技巧，把她學習表達的過程說了出來，恐懼上台、寫稿、模擬，甚至請父母親當觀眾，教授更從她的故事裡肯定她的學習態度。

二〇一八年，國教院看了我的 TED 影片，大為感動，邀請我為校長班開「故事領導力」課程。校長們經歷的事何其多，我的回饋結合個人人格特質、行事準則、所做的努力，提點他們如何讓校園故事更添光彩。校長班有了口碑之後，主任班也請我上「溝通表達」課程，盛傳我的課堂節奏緊湊，演練頻繁，回饋溫暖到位。

倘若我以前對高中生極盡所能地批評，現在卻對校長和主任溫和客氣，這豈不是雙重標準，還好我始終如一。

回饋的力量

內訓中，內部講師訓和故事影響力都是兩天課程，第一次七小時教學，第二次七小時演練。我會在第二次上課前，請HR把學員要演練的內容傳給我，一個一個給予回饋。

演練當天，每位學員上台七分鐘，我會引導大家如何給予發表者回饋。這一天，我完全不需要開電腦，專注地觀察，幫學員找優勢、肯定他的努力、優化他的內容，給予他足夠信心，提高課後持續應用的意願。

曾經有一位學員下午下課時，特別來向我道謝，說我好認真，給每位學員的錄音檔回饋都不相同，她覺得好感動，準備演練時也格外認真。這也是第一次有人這麼慎重地感謝我的回饋。

有一位大鳴大放的學員，下課後，恭敬站在我面前，我以為他要跟我合照，他說「我只是想說謝謝」，我感動莫名。我還聽到他跟同組組員分享，這是他上過最多掌聲的課堂。HR對我豎起大拇指。

仙・女・老・師・的・砥・礪

什麼樣的回饋讓對方有意願改變，有後續行動呢？

提供你五個指標：

一、具備看到個別差異的眼光。

二、認同對方的努力給予肯定。

三、引導對方進步的具體方法。

四、考量到對方的能力有極限。

五、營造團隊見賢思齊的氛圍。

仙女老師的底氣

回饋是啓發，讓他突破自我。

回饋是鼓勵，讓他勇敢前行。

11

底氣是用過去的成就鼓舞現在的自己

過去的你曾經為了什麼事打死不退？
你幫自己找到哪些堅持下去的理由？
如何創造無形價值與打造新的舞台？

回想在學校任教時，學生跟家長最在意的便是與考試相關的事。不重視考試的我，有許多教學失敗的案例，最經典的便是分組教學和要求學生要有表達能力。

我曾經因為把學生上台報告成績比重調得比小考高，不肯上台報告的學生，期末成績因此不及格，家長打電話到學校投訴。寒假第一天，我們全家在台中度假，教務處經我同意，把我的電話給家長，我在路邊跟家長講了一小時的電話，辯才無礙的孩子不想準備報告，高三面試也可以投訴教授嗎？家長最後跟我說，「老師，妳要因材施教。」我也曾要求學生寒假期間製作簡報，被導師班學生投訴1999，當我看到投訴信中寫著「教育當局給老師的自由度是否太大」，尖銳的文字刺痛著我。

然而，更多的學生默默地埋首寫稿，鼓足勇氣站上台，微微顫抖的雙手，幾度眼白朝上想著稿子的內容，我想為他們再努力一次。憑藉著班級經營的優勢，不責備，不批評，給回饋，給示範，學生百無禁忌的暢所欲言，洋溢著青春對於世界的探索。我有球就接，球來就打，怎麼樣都能夠正面回應。就算不喜愛發表的學生也能感受到說話的樂趣，不再惜字如金，音量逐漸變大，還常有驚人之語。當開口表達立場與想法，人際交流就往前一步，班級感情升溫，羊腸小徑走出康莊大道。

學生帶得走的能力

學測結束，學生就得準備書面審查資料和口試，同一時間做兩件事，時間明顯不足。學測成績只是面試的基本門檻，當機會來了，能夠精準表達的學生很吃得開，站上屬於他們的舞台，說自己做的事，展示學習的成果，從容地回應提問，更讓評審有感的是眼神的交流，講到興高采烈時的表情與手勢的自然呈現，令人留下深刻的印象。

學生們總會在面試後，跟我分享他們在團體面試中的觀察：未經訓練的學生在陌生環境中會不自覺地看地板、看其他地方，多次閃躲評審眼光；或是緊張過度，結結巴巴，語焉不詳。我的學生不論個別或團體面試有極大的優勢，個別面試侃侃而談，思考時慢慢說話；團體面試率先發言，鶴立雞群，特別能感受到高一、二花在表達練習的時間是值得的。適時地說出對我的感謝，令我有種沉冤昭雪的喜悅，表達力是學生最有感的帶得走的能力。

嶄新的青少年課程

二〇二〇年，長期經營內訓的 Tracy 深知表達能力向下扎根的重要，找我開學校裡沒有教的表達課。報名的人比我想像得少，不外乎以下的理由：坊間類似的課程很多，價格太高；公布開課時間太晚，早已排定家庭旅行；未能在所在縣市開課，交通不便；孩子頑強抵抗，不想報名，招生遇到瓶頸。轉念一想，我更珍惜願意為孩子報名的家長，願意給自己機會來上課的孩子，十人成班。「邦教國」先開了「自信簡報力」，三期之後，在家長的敲碗下，又催生出「故事表達力」。

六小時課程，讓學生喜歡上課是我的專長，開課細節可就難倒我了，有賴「邦教國」以內訓規格，為孩子們創造絕佳的學習體驗。商務會議中心，備有早餐、午餐和下午茶，教室後方隨時補滿飲料與零食。小班教學，分組座位，個人專屬講義，多樣化教具，同儕交流，多元活動，學生手機放在教室後方。助教將課堂照片與影片及時上傳家長群組，也在我沒留意的時候，告訴我哪位學生需要協助，關心學生心理層面。專屬攝影師將照片放雲端，適合放在高三書面審查資料中。雖說是青少年課程，比起成人公開班的規格有過之而無不及。

學習的甜美果實

孩子們混齡學習，初到課堂緊張在所難免，上午有破冰活動，中午用桌遊增溫，上課更容易拉近距離。要不小組練習，要不兩兩演練，年長者感受年幼的真誠，年幼者欣賞年長的自在，班級經營做得好，表達的意願提高許多，也就能夠自然的看著觀眾，聚焦在想要表達的內容，習慣於在人前發言。要在五個小時裡就讓孩子們感受到上台的勇氣，不是數十年的功力做不到啊！還好我有。

課程最後一小時是成果發表會，邀請家長共襄盛舉，有的家庭三代同堂，外婆，爸爸媽媽和妹妹都來了，共同見證孩子的學習。家長分享這堂課顛覆他們對於表達的思維，孩子比他們想得更勇敢，更有想法，孩子也為自己取得未來的發話權。

我喜歡孩子們站在台上的自信，開場前先提問，「請問各位家長，你覺得這堂課學費很貴的請舉手？」有幾位家長舉手，我懂他們是配合孩子，不想冷場，當然也真心覺得貴，呵呵。

「請問各位家長，你覺得這堂課很值得的請舉手？」全部家長都舉手了，我也鬆了口氣，呵呵。

當我聽到「我也覺得很值得。以前我上台腳就會發抖，現在不會抖，我有了勇氣。也學到與同學相互幫助，一起上台……」

課程表訂四點半結束，天還亮著，親子一同離開教室。孩子們在室內待了一天，看到陽光而不是夜幕降臨，為學習的心情加分。

✰課程的附加價值

感謝之餘，我也好奇這些家長是從哪裡來的呢？寒假台北班，慧君帶兒子百忍從台南上來台北，一下課她們火速衝到北車，搭五點的火車，到台南已是九點十分，四個多小時的車程，我怕自己數學太差，數了三次，台北到台南要四個多小時；雅芳帶著姊妹倆從台南北上；彩瑩從台南第一次獨自搭高鐵。還有從淡水、桃園、彰化上來的親子。暑假台南班，曉楓全家從台中來；巧慧三代同堂從苗栗來；月娥從高雄來；俐君從台北來。來回車程時間，高鐵票或台鐵票、住宿費，這些花費的背後都是愛。

離開學校之後，來上課的家長與我理念相合，認為我的教學對孩子有助益，聊起怎麼幫助孩子學習更是投契，見面就像老朋友一般熟稔。兩天課程，外地住宿一晚，島內旅行成為新型的學習型態，我們家也是這麼實踐著。帶著平平參加台中羽球友誼賽，安安到台南參加PTWA電繪比賽，再安排一天當地吃喝玩樂行程。

現在的我，寒暑假開青少年課程純粹是想幫助有心的家長，學習表達只是表象原因，簡報和故事都是工具。我們更期望孩子有自信，找到方向，能夠透過課程結識目標一致的家長，願意多陪伴與等待孩子，怎麼不讓人感動呢？我以為開的是青少年課程，但我更深深感受到家長的成長與陪伴。

仙·女·老·師·的·砥·礪

提供你用過去成功的經驗鼓舞現在的自己五個方法：

一、累積經驗把天花板往上推。

二、創造絕佳體驗和附加價值。

三、加入新元素突破現有模式。

四、讓客戶成為夥伴一起成功。

五、蒐集成功案例與經典口碑。

仙女老師的底氣

傷過的心，淚水變珍珠。

走過的路，足跡成美景。

12

底氣是為他人創造美好記憶

你體會過沉浸式體驗嗎？

魔鬼藏在哪些細節中呢？

流連忘返是怎樣的心情？

二○二四年二月二十七日「食5家」講座，是我至今難忘的美好回憶。演講對象是第一線的餐飲服務人員，竟然有老闆願意花錢花時間為同仁辦講座，極為罕見，可見用心。「食5家」是五位老闆聯盟，各自有日式料理、鐵板燒、蔬食、火鍋、拉麵、披薩、麵包、咖啡和民宿。當時共有九間店，現在應該拓展為十來間了。

禮尚往來

「仙女老師您好：

我是督賀的主理人——瀚茗，在去年十一月受吳家德總經理之邀，到唯賀講堂聽了您的演說（演說前坐在您身旁的就是我），從聽眾好似還沒睡醒的氣氛下因您的熱情而沸騰的景象讓我印象深刻，暗自許了一個願，希望有機會也能邀請您來為我們第一線的餐飲從業人員注入滿滿的能量。

參加唯賀講座那天因為是翹班的關係，我拍完大合照就急著離開，後悔沒能留下來與您有更進一步的認識，今日剛與其他食5家的夥伴們取得共識，決定在113/2/27當天舉辦今年的第一場共好講座，希望有榮幸可以邀請仙女老師蒞臨草屯，讓我們有機會可以好好款待您。

食5家共好講座有一半是為了講師而舉辦，吃住都不是問題，很希望老師您可以在前一天（113/2/26）撥空前來，更歡迎老師攜家帶眷一起來，我們有經營民宿（正巧文旅），也各自經營不同型態的餐廳，致力於帶講師「巡迴」我們所經營的在地美食。

請原諒我在這麼唐突的時間與您聯繫，因為我們各自店家的經營狀況都不一致，所以今天才敲定每一家店都可以的時間，期待收到您的佳音。

祝

一切平安喜樂」

我們一家五口，我媽吃素，我減重中不吃碳水，平平安安行動不便，只有先生最好養。主辦單位從飲食、住宿和行程規畫在在照顧到不同需求，方方面面設想周全，我很珍惜這份心意。人就是如此，人家對我們好，我們當回之以禮，我回信時，自動將講師費減半，我想交這樣真誠的朋友。

令人回味不已的工作經驗

這趟行程，工作時間短，「沉浸式體驗」時間多。第一天，午餐「湫禾壽喜燒」，和牛和海鮮吃到撐，翊丞直說這是正常的分量，紅韻紅茶也很好喝。面向稻田，看著農耕機耕作，平平有好多的問題，他們都能解答，這無疑是場校外教學。下午造訪受天宮和微熱山丘。晚餐「督賀蔬食」安排王政忠老師擔任嘉賓，當他出現在我面前時，我愣了十幾秒，不敢相信這是真的，太大的驚喜，我的大學同學美惠也是座上賓。我媽長年茹素，對眼前的蔬食讚嘆不已，每一道費工的料理，瀚茗講得頭頭是道。松露飯、蘿蔔糕、水布丁，我全吃下肚，這不是澱粉，是師傅的功力。「正巧文旅」環境清幽，有電梯，廁所有椅子，方便安安洗澡。洗髮精不乾澀，平平超滿意吹風機的大風量，頭髮易乾。

第二天，「督賀咖啡」吃早餐。以前我只喝拿鐵，不喜咖啡的苦，減重後不喝奶，順勢不喝咖啡。瀚茗說，「我們家的咖啡不苦」，我喝了兩杯。講座場地在「督賀艾莉．專為素食者打造的婚禮場地」，窗明几淨。開放給企業外的人參加，繳交五百元費用，聽講座還可獲得我的著作。參加費用扣除成本，捐作公益，我指定捐給「PTWA中國民國愛自造者學習協會」。「植田割烹」吃午餐，飯粒是一般米的兩倍，取名「龍之瞳」，當烤飯糰上桌，我毫無懸念拿起來吃，這不是澱粉，是人間美味。阿培是吃米比賽的評審，說得一口好米，圓潤身材是無可避免的職災。謝謝靜宜還專程帶禮物來看我。

照理來講，吃完午餐就該返回台北。眾人強烈建議我們應該把「食5家」所有店家吃過一輪，我們被說服了，輕而易舉地被慰留，事實上我們也捨不得離開。

於是，馬上多出在地行程，三凸哥和阿培載我們去「18度c LAB」，冰淇淋、蝴蝶酥、生吐司、巧克力，肚子又鼓了起來。「弎食鐵板料理」吃晚餐，鐵板燒師傅應該有挑過身材和臉蛋，爐台的晶亮是師傅花一、兩個小時刷洗的成果。這天剛好是我媽生日，大家為她唱生日快樂歌，她笑得眼睛瞇成一條線。晚上續住「正巧文旅」。

第三天，「麵五三」吃中餐。三凸哥向我們介紹為什麼拉麵是細麵？碼頭工人工作忙碌，細麵易煮，煮得快，匆匆完食，就能上工。麵五三的拉麵打破我對拉麵不好吃的刻板印象，我吃完一整碗，這不是澱粉，是職人精神。肉桂糖星星餃是甜披薩，我們把沒吃完的披薩帶回台北，九十歲的婆婆直說好吃。隔壁便是「田間小路五十一號麵包研究所」，吉哥手把手教平平安安做麵包。吉哥介紹揉麵糰的小麥粉來自北海道，一年只有一次收成，自然甜味與Q感是它的特色，它有一個美麗名字叫「北之穗波」，相較其他國家是一年三次收成，更顯珍貴。平平安安體驗手做的成就感，是吉哥對孩子的心意，隔日吉哥把烘焙好的麵包寄來台北，孩子們吃自己做的麵包別有滋味。

我好欣賞店家間的情誼，瀚茗、吉哥、三凸哥、翊丞、阿培，他們從到對方餐廳吃飯，吃到變朋友，疫情間患難結盟為「食5家」。而我以往演講只會認識承辦人，這次我們認識彼此的家人，春秋、尹曼、賴姐、老爹、老媽、宣亘、弟弟、妹夫。

踏上歸途，我媽不只說了一次，打擾人家太久了。我想應該是遇到相互欣賞的人，了解對方願意再多做一點的心意，放下麻煩對方的不好意思，就像學員下課後問我問題，我高興都來不及了，怎麼會覺得他煩呢。把人放在心上，就是溫度。

令人回味再三的體驗

有一種好，叫真心推薦。一回到台北，我為「食5家」陸續寫了三篇文，原來「沉浸式體驗」會讓人再三回味，忍不住想要跟更多人分享，希望能口耳相傳，讓有需要的朋友們能過去走走，享受服務帶來的感動。有機會到「食5家」，你要看看牆上的對聯，是瀚茗的墨寶，嘔心瀝血寫下給店主人的祝福。如果你很幸運遇到「食5家」的主理人，你一定要聽他們分享花了近四萬元台幣與日本壽司之神的相遇，保證你會更加珍惜眼前的美食與溫馨的用餐氛圍。他們講起專業時手舞足蹈，眼神晶亮，說著「我們要成為草屯的記憶點」，何嘗不是對專業的期許。

半年後，「食5家」寄禮物給我。收到禮物當天，剛好是平平安安開刀後，離開住了四天的義大醫院，回到台北的日子。禮物一拆開，有瀚茗客製的咖啡包、設計得精美的同仁們演講心得本，小夜燈上寫著「草屯」、「食5家」和「仙女」。

以前在學校，學生也會做一本「回憶錄」給我，邊看邊笑，也會感動到哭。已經好幾年沒有收到滿滿的心得。厚厚的一本，用高磅數的紙張印製，還有插圖與金句，我眼淚撲簌簌流不停，難怪瀚茗說這是提前送我的教師節禮物。小夜燈又讓我哭得更慘，還有什麼是食5家做不到的！這五位老闆是怎樣啦！這麼輕易就把人家弄哭。

二〇二三年四月，「食5家」主理人遠赴台東均一學校，邀請蘇國垚老師到草屯辦內訓講座。蘇老師三十六歲成為全台最年輕的五星飯店總經理，他提倡真誠自然的服務理念，在著作《意外的貴人》中提到，「真誠給予，是一種選擇。選擇如何對待別人，也選擇如何對待自己。」頻頻聽到「食5家」對於蘇老師的仰慕之情，我感覺到我們正走在同一條道路上。

以前，我不認識草屯。現在，我會說「食5家」就是草屯。

仙·女·老·師·的·砥·礪

為他人創造美好記憶有五個方法：

一、你對我好，我要對你更好。

二、你給我的，我要回你更多。

三、看得到的，是有形的禮物。

四、感受到的，是無形的氛圍

五、分享喜悅，共度特別時刻。

仙女老師的底氣

掛在嘴邊的是感謝。

放在心上的是感動。

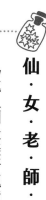

二

當責找到自我價值，發揮影響力

13

底氣引來貴人，成就人生轉折

你會不會期望有人支持你，發掘你的潛力？
你是不是想突破自我，卻不知道從何開始？
你是不是想看看外面的世界，卻苦無機會？

《牧羊少年奇幻之旅》中寫道，「當你真心想要做一件事，全宇宙都會來幫你。」這無疑是吸引力法則，宣告著當你夠努力時，貴人就出現了。

在學校裡，我的教學跟同事們很不一樣，難有共鳴。就連學生一開始上我的課也很排斥，抗拒課前預習，覺得小組討論麻煩，課後學習單太花時間，對我各種的反感，我也歷經各種孤立無援。很幸運地遇到賞識我的貴人，看到我的優勢，為我打造舞台，帶著我前進，依照他們在我生命中出現的先後順序，介紹如下。

✰讓我有機會上TED的憲哥和福哥

二〇一五年，以企業內訓為主的謝文憲憲哥，開始有公開演講。我第一次聽他演講就被圈粉，怎麼有人可以這麼充滿生命力，麥克風加信念就可以改變世界。那天我隻身前往，現場一百多人，我沒一個認識。然而，現在就算沒見過這些人，臉書上也是熟面孔，同溫層的擴大應該就是從當時擴散開的。第二次聽憲哥演講是我特地去花蓮門諾醫院，那是颱風天前夕，我依舊隻身前往，火車票雖然難買，但憲哥演講更是不可多得，更何況是憲哥和王永福福哥強強聯手的講座，花蓮說遠也不遠了。

我陸續報名憲哥「說出影響力」和「管理電影院」，福哥的「專業簡報力」和「教學的技術」，憲福合開的「寫出影響力」和「憲福講師塾」，每堂課學費動輒三萬以上，憲福講師塾更是高達八萬元，比我的月薪高出許多。只要有憲哥和福哥的場子，我都參加，不管收費或是免費（幾乎沒有免費的）。要學習就要跟厲害的老師學，聽他說什麼，看他做什麼，更看自己輸出了什麼，時間投入和金錢支出很值得。

在憲哥和福哥的課堂，打開人際網絡，結識一群專注於自我成長的好朋友，他們是各行各業的翹楚，學得認真，活得精采。我不再覺得自己特立獨行，一有了自信就能夠找回自己，第一步是勇敢把臉書上「余小瑾」的暱稱，改成本名「余懷瑾」。大方邀請大咖朋友們到學校演講，開啟學生眼界，就連福哥的第一場高中生講座也破例獻給我301的學生和家長，這也是福哥唯一一場對高中生的演講。

上TED前一天，憲哥有場三百五十人的企業內訓，他帶我和朱為民醫師為TED前的開講預演，獲得很大的迴響。隔天在TED舞台上，面對台下八百人，我不至於太緊張，得力於前一天的大場練習。不只如此，憲哥更帶我們上廣播錄音；在他的演講中安插我們短講；到內訓擔任「說出影響力」輔導員，輔導員們要針對學員的演講給予回饋，讓他們在第二次上課能得到佳績。附加價值是，我也常目睹憲哥處理內訓學員上課渙散的情況，毫不手軟，跟我在課堂上不放任學生滑手機或睡覺有著異曲同工之妙。憲哥對我的提攜與影響很大。現在到企業內訓常常有人跟我這麼說，他們是因為憲哥才認識我的。

沒有憲哥和福哥，我只是個井底蛙，走不出校園象牙塔。

讓我走上國際課堂的邱美虹教授

邱美虹教授（邱老師）在二〇二四年七月榮獲國際純粹暨應用化學聯合會化學教育委員會頒贈化學教育終身貢獻獎，如此崇高的人物，我怎麼有機會認識呢？

這都得感謝我的前同事湯偉君博士，他學養豐富，思考縝密，外表帥氣，專業認真，能被他讚揚的人不多，然而他每次提到他的指導教授邱老師，眉宇與言談間滿是崇拜。他說在化學界少有嶄露頭角的女性，而邱老師舉足輕重。學校裡的高瞻計畫，因為偉君，有幸邀請到邱老師指導。邱老師來學校時，我總會大聲的跟邱老師打招呼，雖然我們任教的領域不同，話題重疊的部分也很少，老師還是笑容滿面的回應我。

二〇一六年十一月，邱老師請偉君問我有沒有意願去杭州公開授課？「杭州師範大學—東城教育集團的二〇一六—國際課堂節」，同行有新北高中化學老師鍾曉蘭及錦和高中數學老師賴尚欣，還需要一名國文老師，我一定是八輩子燒好香，才能被邱老師舉薦。教學演示當天，邱老師在化學場，我在國文場。晚上餐敘時，邱老師一如往常的讚美我，提及很多人跟她說，我的課堂很精彩。

我問邱老師怎麼會想找我呢？她說，主辦方請她推薦一位國中國文老師，而我是高中國文老師，主辦方有疑慮。她說，不管是國中還是高中老師，教得好就是教得好，她只推薦我一人，很感謝邱老師的慧眼和信任。

沒有邱老師，我不知道我的教學可以走出台灣，造福更多學習者。

一起為特教打拚的蘇文鈺教授

還不認識蘇文鈺老師前，我就常看老師臉書，悲天憫人的胸懷，協助弱勢學生，老師也在臉書按過我幾次讚，偶爾搭上幾句話，每每讓我好開心。二〇一七年中，我出版第一本書《慢慢來，我等你》，想邀請老師幫我寫推薦序。

「老師是大學教授，會理我們這種小高中老師嗎？」

「會吧！老師平常對學生也是這麼照顧。老師知道我很認真，應該也願意幫我一把吧！」鼓足勇氣，傳訊息給老師，老師二話不說幫我圓夢。

二〇一九年底，鴻海台灣希望小學出了第一本著作《不只是陪伴》，慎重的邀請新書推薦人出席，在場除了憲哥和 Amanda 劉宥彤之外，我誰也不認識。蘇老師遠從台南來台北，我想說終於見到面，要有禮貌，上前跟老師打招呼，是那種粉絲看到偶像的雀躍，興奮之情溢於言表，說是浮誇也好，炫耀也好，我就是覺得能夠跟老師當面致意是非常重要的。

湊到一旁聽著老師跟別人規劃講座事宜，我聽到「特教」兩個字，毛遂自薦說，「老師，您為什麼不找我呢？」哪裡知道老師說，「仙女老師要來，當然好啊！」很感謝日後PTWA的講座，我也能名列講師群，為台灣的特殊教育貢獻心力。

在老師面前，我是「安安媽媽」的角色多過於「仙女」。凡是能為安安設想的，老師總是記掛著她。老師也常常鼓勵安安，認真聽她的童言童語。安安就讀高中期間，班級教室安置在二樓，卻申請不到助理員，老師看到我臉書發文，隨即打電話給我，講了一小時的話，像這樣的陪伴有好幾次，每次都讓我思考還能為特教做些什麼。

沒有蘇老師，我依舊日日像熱鍋上的螞蟻，處於焦慮之中，找不到方向。

與我一起前行的教育家黃啟清校長

我在二〇二〇年六月創辦「台北科技藝塾」，這是個教身心障礙學生的團體，我四處打聽，怎麼樣也找不到免費的場地。突然浮現出第一次見到建成國中啟清校長的場景。那時候，我是國教院校長班「故事領導力」講師，俞玲俐校長是輔導校長，俞校長特別在下課時，介紹愛徒啟清校長給我認識，兩位校長笑容可掬。我想，或許可以問問啟清校長。

校長一口答應借我場地，沒有任何但書。我在臉書上寫文寫得勤，想讓大家知道有個「台北科技藝塾」在教特教孩子，那時候的我與校長並未深交，深怕有人見縫插針攻訐他，出借場地的美意無端端帶來困擾，以至於在臉書上鮮少提及校長，我很抱歉小瞧了校長（掌嘴）。

藝塾上課時間在週六，校長經常到教室跟家長和孩子們打招呼，他能叫得出每個孩子的名字，對於個頭較小的孩子，他會彎著身子跟他們說話，臉上總是掛著笑容。學校老師和警衛也極為友善，把我們當成建成國中的一份子，沒有寄人籬下之感。

平平大一時，為身心障礙高三學生舉辦升學講座，分享考試注意事項。急公好義的校長，出借場地，直說這是好事，回饋社會，全力配合。講座前，先到會議室，跟平平說幫她把電腦準備妥當，給平平安安一大盒金莎巧克力，期許她們「巧妙面對人生壓力」。我也無懼於在臉書上盛讚他為「台北科技藝塾」的孩子們所做的一切，是位不忮不求的教育家。

沒有啟清校長，我無法見識到在現存體制中，領導者一肩扛起責任的颯爽，令人折服。

開風氣之先的陳紅蓮校長

感謝旨憶邀請我到豐珠中學演講。豐珠中學在新北市貢寮偏遠山區，學生因兒少性剝削條例經由法院裁定入校，是一所提供安置、保護、教育功能的中途學校。去學校車程一個多小時，旨憶時不時提到陳紅蓮校長的好。她說校長約我們先在校外用餐，再到學校上課。

在餐廳裡，有位戴著斗笠膚色健美的婦人來到我們面前，旨憶說，「這是我們校長」，我才知道學校有農地，學生們也要下田耕作，校長給我的第一印象是以身作則，帶著學生耕作，太接地氣了。

豐珠中學在紅蓮校長還沒來之前，校園中最多的是為防止學生逃跑而設的蛇籠和攝影機。校長一來，拆了蛇籠和攝影機，她說豐珠是學校，不是監獄，友善校園最珍貴的就是公平正義、沒有恐懼。

當主任們聽到校長打算將開學典禮辦在「草嶺古道」的埡口，告知校長要發函給少年隊。少年隊來了三個中年大叔，走不到一半，累了，就撤了。三個月後，登上合歡山北峰，沒有少年隊跟著，至此而後少年隊永遠撤離豐珠。

我問校長，「哪裡來的勇氣拆掉蛇籠？怎麼這麼勇敢帶著孩子晨跑與登山？」開風氣之先需要強大的心理素質面對外界的質疑與批評。校長回我，「這些都是課程」。我好喜歡這答案，有計畫的設計課程對孩子的學習有極大的幫助。

二〇二三年，紅蓮校長打電話給我，跟我分享她得到全國唯一一個「友善校園的特別貢獻獎」。一聽到「唯一」，我一直流眼淚，哭到停不下來。校長說她要代表四十位得獎者上台致詞，問我該說什麼？天啊！校長竟然求教於我。我唯一的建議是校長一定要說自己的故事，那些為了學生們所做的努力，故事背後動人的初衷是所有教育者的楷模。

校長愛豐珠的孩子，也愛安安，她陪安安聊天，常在臉書上留言給安安，鼓勵「安安開飯」，教育圈如果能夠紅蓮常開，滿池紅蓮，該有多好。

沒有紅蓮校長，我不會知道為了讓孩子們享有公平的待遇，需要多強大的意志力，而她感染了我。

他們六位都叫我「仙女」，關係親近的人都是這麼稱呼我，我很喜歡。

仙・女・老・師・的・砥・礪

提供五個讓宇宙看見你的努力，讓貴人出現的方法：

一、心存善念回應世界的好與壞。
二、真誠回應著接受到的善能量。
三、不求回報先問自己付出多少。
四、做有價值的事情會帶來貴人。
五、一步一腳印讓你與典範同行。

仙女老師的底氣

宇宙有眼。
貴人有心。

14

底氣是為自己定位，發揮潛能

你知不知道自己站在哪裡會閃閃發亮？
你引以為傲的特質能不能被彰顯放大？
你了不了解人們期望從你這得到什麼？

進入企業內訓的門檻高，我在企業工作的經驗只有五專畢業後的三年，之後就到學校任教了。提案時常因為沒有企業教學經驗被否決，即使管顧對我很有信心，企業不買單就是不買單。

☆關鍵同樣是引發學習動機

辭職第一年，找我演講的學校並不多，一個月不超過五所；找我的企業更是少之又少，一個月有一間就算不錯了。畢竟我是氣憤教育者顢頇，衝動辭職的，並沒有妥善規劃。即使如此，舉凡學校找我幫國中生和高中生上口語表達課程，我第一時間就推掉了，我始終記得我要教出有溫度的大人。

找我的學校幾乎都是找我講特教，我倒也欣然接受。我心裡想，我這麼會演講，就是要來撼動人心，如果能夠讓老師們了解特教家庭的需求，真的是功德無量。但我並不想定調在全部講安安求學階段曾經發生的鳥事，這對我來說太煎熬，負面的情緒也會隨之而來。身為社會上弱勢族群固然辛苦，也會遇到很多鬼故事，但是說多了就會變成抱怨，觀眾也不見得想聽，我並不想傳遞負能量。加上教師研習的學習狀態並不理想，換個新穎的作法才能引起老師們的學習動機。

我用老師們沒體驗過的「領導電影院」帶入「發揮教學影響力的關鍵方法」，在電影中觀察氛圍友善與否，衝突的成因，賦能的時機，所有答案出自他們之口，我只負責引導，聰慧如他們體會出：「最大的悲劇不是來自壞人的暴力行為，而是好人的沉默。沉默是隱藏於暴力背後的共犯。」後續的改變就會發生。

講座結束後，超多老師向我道謝，說他們收穫很多，他們原本很害怕又是一場無聊的講座，雖然帶來的作業簿原封不動、一本也沒改到。說穿了我只不過把我過往的班級經營搬到教師場，對象從學生換成老師，由日日相處的青少年換成一期一會的成年人，方法是一樣的。啟動學習動機，透過教學技巧傳遞知識與技巧，在課堂中能立即看到改變，就有可能持續在真實情境中應用。

定位自己

至於內訓，我以為我具有教學背景，最先接到的課程應該是內部講師訓，打造有溫度的課堂，點燃學員的學習熱情。事實上不然，即使HR大力推薦我，往往在公司內部到了副總或總經理那關，我就會被刷下來，他們想要找企業經驗豐富的講師。

剛開始我還滿沮喪，「有溫度」不是會創造更多的價值嗎？我還沒想通的時候，迎來了內訓故事課程的需求。找我教大家說故事，將故事應用於溝通、簡報、說服、教學、服務，這是各行各業都需要的軟實力，讓人家願意聽你說，記得住你說的話，還得回去後產生行動。

教說故事的老師太多了，為什麼要找我呢？我跟其他教說故事的老師有什麼不一樣呢？（學校教育教學生們要一樣，出了社會卻要看到不一樣，很挑戰啊！）我在TED上的影片幫了我很大的忙，很多企業是透過這段六分鐘的影片認識我，繼而了解我這個人，認同我的理念，在眾多講師中選中了我。

二〇一六年上TED倡議對身心障礙者友善的我，以為我幫助了他們；二〇二一年辭職後的我，因為他們而被看見。我很感謝當年為了利他，願意自我揭露家中境況的自己。

肯定自己過去的努力

在內訓中，直接面對學員又是另一個關卡，有朋友建議我，不要跟學員說我以前是高中老師，這樣會降低信任度。這實在不可行，如果把我過往二十年的資歷隱藏起來，這年紀還是一張白紙，實在太奇怪了。怪的是連我都否定自身過去的努力，更是不妥。

面對學員，我老老實實說自己曾經是高中國文老師，一說完辭職的原因，大家眼睛睜得大大的，公立學校老師能離開體制的少之又少，而我就站在他們的面前。

我當然不鼓勵所有人像我這樣，但我鼓勵所有職場工作者具備當責態度，做別人的事情，成就自己的功夫。

你問年輕的業務，為什麼從事業務工作？他若回答賺的錢比較多，底氣不足，哪個客戶願意他的業務一看到他，腦子裡浮現的是新台幣？頂尖的業務幫客戶接送孩子，替客戶慶生，你問他們為的是什麼？他會說希望能幫得上客戶的忙。

我的任務是幫他們挖掘出習以為常的事物，讓故事成為他的個人品牌，而我在TED上自我揭露安安是腦痲的孩子，讓人們願意與我坦誠相對。有些故事不見得在課堂說得出口，下課後他們私訊我，曾經被家暴、單親、家裡也有身心障礙孩子，他們請我不要告訴別人這些私事，一切的苦都透過故事先療癒自我，等他們心理準備好了，由他們自己說自己的故事。

發現自己的潛能，發展自己的特色

「仙女老師的有溫度課堂」跨出了教育圈，來到了汽車、保險、科技、金融、電商、醫療業，學員們看到企業講師的不同風貌，就跟人有百百種一樣，學習不需要畫地自限。特教講座延伸到內訓，「領導電影院」成了DEI的課程，Diversity, Equity and Inclusion，中文翻作「多元、公平與共融」，正因為重視少數，繼之帶來的是團隊領導與溝通、跨世代領導、工作指導、內部講師訓等課程。我教我會的，不會的我也沒法教。

很多人問我有沒有後悔從公立學校辭職？（人們比我更在意退休金）倒還真的沒有。我倒是發現了我的潛能，以往在學校裡被覺得非主流，不拘一格，現在反倒成了特色。不管哪一門課，都能看見每個人，樂在學習，享受學習。尤其好多學員跟我說，以前老是固定敢發言的人發表，在我的課堂上，他們自然而然開口表達，與同事互動，很特別的經驗。

他們說我「真的」很有溫度，我很喜歡這張標籤。

仙·女·老·師·的·砥·礪

提供你找到定位自己的五個方法：

一、相信自己的獨特，了解自己與他人的不同。

二、對方會對你產生好奇，好奇啟動內在動機。

三、你是個什麼樣的人，給自己的定位是什麼。

四、以不變順應萬變，核心價值不會隨波逐流。

五、有理論鋪墊，方法更要接地氣具有可行性。

仙女老師的底氣

當你看見對方，他也看見了你。

你能發光是因為成就了更多人。

15

底氣是打破天花板，挑戰自我極限

你願意挑戰極限嗎？
會是哪一件事情呢？
成功的機率有多高？

我遇過最困難的教學經驗，絕對是教安安，那是一段現在回顧還會覺得揪心的歷程。即使安安二十歲了，現在教她還是比教一般孩子更花我數十倍的力氣，時間上當然也是如此。

✰從行動中逐漸提升把握

二〇二二年三月，我去苗栗國中上課，承辦欣德在高鐵站拿手寫板歡迎我，這是我第一次在國內有這樣的歡迎儀式，我被驚豔到了，邀請欣德一定要拿著手寫板跟我拍照。我去過苗中三次，都是特教議題，其中有一次還是兩天工作坊，教老師們怎麼經營有溫度的班級，接納特殊生。

第三次結束後，欣德跟我說，他想要為特教的孩子開表達課，問我有沒有意願？他想辦法籌措經費，我答應得很心虛。要我一次教一百位一般生是很容易的，特殊生真的很不好教，起點行為低，學習成就少，步驟的拆解要很細，而且要能夠反覆練習，立即獲得成就，這是我教安安很重要的發現。謝文憲憲哥說過：「人生準備40％就先衝。」我連20％的把握都沒有，一群特殊生該怎麼教呢？課程胎死腹中，我鬆了口氣。

二〇二三年三月，我開始幫安安安排演講。彰化成功高中王思璇老師注意到這件事，問我：「特殊生可以學簡報嗎？」她邀請我為彰化所有高中的特殊生開「簡報表達力」課程，同樣的機會又來了，安安能夠公眾演說這件事讓我有了40％的把握。當天上午親職講座，安安講四十分鐘，這是她第六場演講，下午則是學生簡報課程。

思璇告訴我，「課程中會有特教老師協助。」我想應該就是我們兩個人吧！一進教室，我就被感動到了，上午場的所有工作人員都在，沒有因為是特教生就輕忽怠慢，積極為學生設想的態度比起學特司長在處理全國特殊生升大學考試有過之而無不及，魔鬼藏在細節裡，高手在民間。十一位學生，五位特教老師，我的好朋友淑琪義務擔任助教。師生比高達1：2，比在特教法中訴求的1：8高了N倍。

孩子們的學習狀況鼓舞我持續向前

要學生說話，在求學階段是很困難的事。學生不分資質，同樣的門檻都是不敢開口。我讓孩子們先寫再說，當他們不知道要寫什麼，特教老師站在身邊，將身子傾向前引導，好幾次我被這樣的畫面打動，紅了眼眶。我跟老師們默契極佳，嚴格地講是老師們很清楚孩子們的學習狀況，在我下達指令後，她們帶著孩子完成任務，無論是一對一的同儕發表，一對二找老師演練，一字排開站上台各自分享，孩子能為自己發聲，句句鏗鏘，敲打在我們心上，鼓舞著我們，孩子是可以學習的，而且學得比我們想像得更好。

成果發表時，第一位分享的潤潤，說美琪老師教他識字，他壓力很大，臉上表情卻是滿滿的幸福，笑起來的樣子好可愛，我被這份美好的師生情誼打動了。不敢上台的孩子，在老師輕聲細語的鼓勵中走上台；躊躇不前的孩子，在同儕鼓動下，勇敢站上講台。謝謝老師們——思璇、依雯、戀鷹、筱薇、美琪，妳們都是我心目中的特教女神，魅力爆棚，妳們也讓我打開教學的邊界，不再自我設限，相信我可以的（這話是我常跟安安說的）。

教學相長

二〇二三年暑假，佩樺問我可以為「台北科技藝塾」的孩子開簡報表達課嗎？我向最支持我們的黃啟清校長借場地，啟動三天的營隊，八位學生，沒有助教。我以為這群孩子我原本就熟悉，教他們應該不難。大錯特錯，之前我的腳色是安安媽媽，與孩子們多是寒暄。上課之後，轉換成老師身分，就看到很多之前沒看到的盲點和可以強化的地方。課程中，家長可以留在教室裡，看我教學，回到家就有方法可以教孩子，當然家長們也可以趁這個機會放風透透氣。我感受到自己的教學變得更靈活有彈性，順勢而為，套句我常說的，「更有溫度了」。

之後，家長敲碗我在假日為特殊生開常態的簡報表達課，我又猶豫了。一方面我週六常有演講，另一方面才是重點，我擔心無法照顧到所有學生。在教學上，我總是希望能夠照顧到每一個學生，如果我疏忽了，也要有同學能夠接住突如其來的狀況，我還在思考整班都是特殊生該如何班級經營，我又再一次讓自己陷入死胡同，這一思考又是半年。

✰家長與孩子們帶給我的感動

二〇二四年寒假，佩樺又要為孩子們安排寒假課程，問我可以再開兩天的簡報表達課嗎？八個學生滿班，不小心超收一個，因為我忘記先把安安加進去。孩子們混齡上課，小的國小，大的大二，都有口語能力，我期望他們能更聚焦的回答問題，聽得懂別人說什麼，能夠適時回應，與人互動。第一天，我讓孩子們找其他的家長演練，家長們充滿愛的眼神，把別人家的孩子也當成自己的孩子，很讓我感動，我把家長也成功的「班經」了。我習慣用照片做課堂記錄，讓沒到的家長了解孩子的學習，也為孩子的學習留下足跡。第二天，我嘗試小組討論，讓我驚喜的是五分鐘的時間他們可以彼此交流，答案雖不多，彌足珍貴。

孩子們比第一天更踴躍，我已無暇拍照，便拜託家長幫忙拍照，也有了許多在一般生課堂看不到的熱切互動的照片。兩天的課程，孩子們很有成就感，我也覺得自己好棒，再度完成不可能的任務。我開心到課後把教學活動寫成教案、教學內容、教學手法和課程效益，傳到群組給家長們。

若谷媽媽問若谷上課學到什麼？他說，「得分很高，點心好吃。」媽媽哭笑不得。我跟媽媽說孩子講出重點，兩天的點心沒有重複，我連點心的準備也很認真。會來報名這堂課的家長也是極為用心，宜紡媽媽第一天課程結束就讓孩子寫心得，看得我熱淚盈眶，身心障礙的孩子在家長持久的努力下，也能書寫出課堂精華。

我的臉書在這一天寫下，「我喜歡挑戰高難度的教學，最困難的應該是教特生表達。……」我從沒想過我能夠教一整班的特殊生，如果不是身邊這一群家長信任我，時不時的提醒我開班，開班，開班；如果不是欣德和思璇早就看出我有這樣的能力，我不知道我已經走過好長一段荒煙蔓草，已經走出了自己的路。

朋友問我，「坊間有教特殊生的簡報表達課嗎？」我不知道，應該沒有吧！就讓我成為首開先例的第一人。二〇二四年二月起，我開了常態特殊生簡報表達課，帶著身心障礙家庭一起成長，感謝黃啟清校長和潘姿伶校長與我們並肩而行。

仙·女·老·師·的·砥·礪

提供你挑戰自我極限的五個方法：

一、信任是往前走的基石。

二、過去的累積都是沃土。

三、重視身邊期待的聲音。

四、專業要有溫度與彈性。

五、助人者終將豐盛自我。

仙女老師的底氣

在喜愛的事物上挑戰極限。

再困難的事愈做會愈簡單。

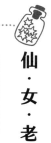

16

底氣是以「富養」思維走出困境

什麼事是你很想做卻遲遲沒能去做？
哪些事是你無法忍受仍渴望著改變？
當變動來臨你的心理素質是否強大？

沒有逼不得已的理由，跨不出舒適圈。
説服不了自己的人，不可能改變成功。

跨出舒適圈像是口號，父母叫孩子努力學習，卻在一旁滑手機；老師責怪學生不認真學習，教法卻數十年如一日；主管批評年輕世代是草莓，卻忽略工作指導的重要，我們身邊有多少人跨出舒適圈？

有魄力才能破例

一一〇年四月六日，星期二朝會，安安的校長說，「我沒有辦法為她破例」。

那一天，我心情一直很不好，若有所失，想著怎麼會有校長講出這樣的話？對比我在國教院校長班教過的學員和遇過的退休校長們，想著師鐸獎（總統頒獎）怎麼會頒給這樣的人？

回想開學第一天，我跟校方說特教班的教室裡不該有講台，身障學生壓根上不了講台，攸關學生權益。安安國中也念特教班，平面的教室，安安可以任意行走。高一第一次段考，因安安行動不便，不讓她上司令台領獎。申請助理員時，見識到台北市特教資源中心的傲慢、台北市教育局的官僚。安安就學三年遇到的大大小小事，就像跑馬燈不停地在我眼前出現。

以前，我總是很自豪學生叫我「仙女」，滿足他們青春期的各種天馬行空，只要不是違法的事，我就讓他們嘗試，犯錯也沒關係，寫六百字稿紙抒發心情，再找時間跟他們聊聊，找出問題，解決問題。教育當然要破例，不然怎麼「因材施教」

呢！破例是需要魄力的。

每當大家稱讚我對學生的好，我也總是不好意思的說「沒有啦，每個老師都這樣啦！」那一天，我的五官全打開了，腦子清醒許多，不再自欺欺人，終於願意正視教育體制裡，不是所有人都願意為孩子的受教權而努力，任何孩子都不該受到委屈，我期望能有更多的「仙女老師」。

我跟先生說，「我想辭職。」

先生問，「退休金怎麼辦？」

四月七日，星期三，我打電話給人事主任，詢問我還需要多久時間可以退休？「一一九年可以領一次退。」算算還有九年。「一二四年可以領月退。」算算還有十四年。

雪隧花十五年就能打通。十四年，太久了，久到我不想再等，我不想被退休金綁住，我還可以做好多事。

考上正式教師的錄取率是2％，遠遠低於律師的錄取率9.77％，破釜沉舟放棄人人羨慕的鐵飯碗。

先生又問我，「退休金怎麼辦？離開就什麼都沒有了。」

說服先生是件困難的事，很困難，非常困難，但也不是做不到。

☆早產的姊妹令我萬念俱灰

九十三年一月，平平安安七個月早產，八、九百公克，產房裡的我天真以為她們只是體重不足，需要點時間養胖養大。當醫生門診結束後，特別請我們夫妻到診間。診間裡，冷氣格外的冷，醫生說孩子腦部受傷，詢問我們要不要拔管？拔管的話，孩子可能生命力不強就離開了，也可能因此腦部損傷面積更大，我們不知所措。萬念俱灰的我，覺得人生一片黑暗，愁雲慘霧。

屋漏偏逢連夜雨，禍不單行，醫生再度見到我們，帶來的是更壞的消息，兩個孩子腦部損傷，動作和平衡能力受到影響，無法自主控制肌肉，也就是腦性麻痺，就算復健，終其一生無法痊癒。腦性麻痺的孩子要怎麼拉拔長大？需要多少花費？我們家又不是有錢人家。該怎麼辦呢？在醫生建議下，趕緊申請身心障礙手冊、重大傷病卡，讓孩子享有醫療補助。

平平二千公克出院，喝奶速度很快。安安二千公克時，醫生交代她可以出院，我們卻怎麼也高興不起來，不知道該怎麼照顧插著鼻胃管的她。直到二千五百克，戰戰兢兢帶著鼻胃管回家，照三餐灌食，每一次餵奶都是壓力。不知道她什麼時候可以自己喝奶？以後會不會說話呢？聽不聽得到呢？認知會不會有問題呢？未來還得面對因為肢體不便帶來的心理問題，萬一真的癱瘓該怎麼辦呢？每天處於焦慮之中的我，掛在網路前，上網查腦麻孩子有哪些醫療資源？哪個機構的環境舒適乾淨？教育配套在哪裡？哪裡的老師充滿愛心？更煩惱我們百年後，兩個孩子將何去何從，一想到這裡，眼淚流個不停，人生沒有比這個更絕望的了。

絕望，才真的是什麼都沒有。

✰決定「富養」兩姊妹

中文系出身的我，想到「文窮而後工」，意思是最好的文學作品是誕生在人生困頓的時刻，愈是不如意，反而有一番作為，柳宗元、范仲淹、蘇東坡全成了我的朋友，他們的文字是暗夜中的微光，「窮」的是環境，不是心境，我要「富養」我兩個可愛的孩子，首先我得是個富足的人。

平平安安小時候，我常跟她們說，「我們家很有錢。」我不希望她們把錢看得太重，當花則花。我跟先生都是公立學校老師，每個月薪水自動存入戶頭，經濟還算穩定，「很有錢」是觀念上的富有，人生中有比金錢更重要的事，例如家人、自信和天賦。

六歲前是早療黃金期，稀缺的不是金錢，而是時間。

姊妹倆三歲騎馬，騎馬的費用所費不貲。請一對一的游泳教練，上一對一的認知課程，就連針灸也是自費門診，我們家真的「很有錢」嗎？是啊！即使看不到未來，我們仍願意花大筆費用投資孩子的身心健康。

花時間陪伴，讓孩子不因為自身缺陷覺得矮人一等；大量的鼓勵，讓孩子相信自己值得好好被對待；給孩子機會嘗試錯誤，想做什麼就去做，發揮潛能。大人不委屈自己，也不委屈孩子與身邊的人，沒有人應該委曲求全，才是「富養」。

如果你問安安，我們家很有錢嗎？她會毫不考慮地跟你說，「對啊！」

如果你問平平，我們家很有錢嗎？她會說，「其實沒有耶！」

「富養」思維是我辭職的底氣

回到辭職這件事，當先生問我，「沒有退休金，家裡未來經濟怎麼辦？」

「我們家很有錢，錢真的沒有那麼重要（錢的排序不會是第一順位）。」這些話從平平安安出生後，我就經常掛在嘴邊。

平平安安因為腦部受傷，從小大小事都要追蹤。腦部、視力、聽力、智力、語言、動作，想得到的我們在日常觀察，再請教醫師和老師，想不到的就上網查。天天跑醫院院所上課，午晚餐都在外解決，時間經常不夠用。特教法規定身心障礙可以優先入公立幼稚園，園裡明確的告訴我，不收腦麻學生，我們就得想辦法幫孩子找到合適的去處。一般家庭想像不到的經歷，我們總能遇上好幾回。長期處於變動中，看不到前方的路，一直覺得無路可走。有機會就試，有人問就問，平平安安小小的往前一步，也能讓日常像節慶。無論家庭或是工作，獨特的生命經驗是我的財富。

我從來沒想過，有一天我會從公立學校辭職。我的確沒有這麼在乎退休金，我在乎我的教學可以影響多少人、可以改變多少人。我喜歡教學，世界這麼大，我要創造更多仙女老師的課堂，傳遞溫度。

要相信看不見的事很難，先生相信了我。

我花了三天，做出重大決定。

四月九日，星期五，我到學校辦理離職，跳脫體制，海闊天空。

仙·女·老·師·的·砥·礪

提供五個「富養」思維幫助你跨出舒適圈：

一、富有是做你所能做的，看你所擁有的。

二、變動是生命中的活水，經歷是無盡藏。

三、你比你想像得更強大，不要低估自己。

四、不怕輸就怕放棄，勇氣在嘗試中滋生。

五、金錢可以再賺，時間沒了，就是沒了。

仙女老師的底氣

與其追求舒適，不如追求意義。

與其追求輕鬆，不如追求精彩。

17 底氣來自於堅守你的底線

你什麼時候理智線會一秒斷線？
你知道人我之間的界線在哪裡？
委屈來臨或氣憤難平如何消化？

不當濫好人

表態這件事，應該從我當高中老師時說起。
我在教書前十年是一個很愛生氣的老師，什麼事都可以生氣。生氣學生不交作業，生氣學生上學遲到，生氣學生上課很吵，生氣學生不去打掃，就連學生在別的老師課堂睡覺也要生氣。漸漸的，我也找到很多方法處理學生問題，生氣的次數少很多，平穩控制情緒。

唯獨一件事，會讓我怒不可遏，什麼事呢？

鄉愿。

有人作弊，知道的人不敢說，只敢在背後批評；有人翹課，副班長包庇，其他人知道也不敢說。整個班級氣氛很詭異，覺得自己循規蹈矩的人討厭為非作歹的人，有小動作的自以為神不知鬼不覺，班級說有多難帶就有多難帶，一堆鳥事處理不完，每天有新的問題發生。

最生氣的那次是全班包庇翹課的同學，我在黑板上大大寫著「鄉愿」兩個字，對學生大罵「你們這些濫好人」，氣到在講台上哭，我怎麼就沒能把學生教好呢？

為自己發聲

孔子說，「鄉愿，德之賊也。」大家都想當好人，誰想當「濫好人」呢？學生是沒勇氣，還是沒能力呢？應該兩者都欠缺。既然如此，就來培養學生表達能力吧！我一開始的目的很簡單，生活中有太多的事，需要透過表達能力保護自己，為自己發聲，不要委屈自己。例如，被誤解的時候該怎麼說？該如何拒絕他人？如何真誠的表達感謝？如何爭取機會？上台報告和高三推甄面試是附加價值，畢竟報告不是天天有，推甄面試最多也不超過十間，生活是每天都要過的。

我更希望當學生擁有表達能力後，也能為身邊需要的人發聲。中午午休，有人聊天，吵得其他人無法休息，直接出聲制止，不敢當面糾正同學就私下跟我說，我會把這個視為我與學生的秘密，不對他人說；看到同學被欺負或任何不妥的行為都可以用任何方法讓我知道。

擁有表達能力的學生，他們的善良具體可見。

提升對自我的認同，昇華為助人的高尚情操。

我在內訓的課堂也會明確的表達我的立場。一次對高階主管演講，我舉了天下第一流人物范仲淹的例子。

我問大家，一個這麼刻苦自勵的人，他當官以後想要做什麼事呢？一位主管不經大腦思索，輕率地說「貪汙」。我隨即輕描淡寫地回應，「你心裡想的是什麼，就會說出什麼樣的話。」說出口的話反映的是價值觀，不可不慎。

☆誠信為先

有了表達能力又會產生新的狀況，那就是不夠坦承。人與人之間一旦缺乏信任，就無話可說。

我當導師最常聽到的謊言是，明明不想來上學，不請事假，裝病請病假。尤其學測考完後，很多學生想在家裡做備審資料，請病假的人更多了，有些時候是學生自己裝病請假，有些是家長代為撒謊，為什麼一定要說謊呢？家庭教育很重要啊！

我的解決方法是，跟學生說，「說你想說的，不想說的不要說。」我一開始這麼說，是想讓學生知道他有不想說的權利，畢竟青春期的孩子有許多不想讓大家知道的祕密，青春期的自殺始終是青春期死亡的前三名，他可以選擇把秘密對其他人說，那個人不一定是我。

第二個目的是避免學生說謊，信任的建立不容易，摧毀信任卻只要一下下。當意識到說謊帶來的影響，說話的真實性很高，亂七八糟沒誠意的話都先自我排除了。

有一回幫業務上課，他演練的故事背離誠信，我睜大了眼看著他，「業務最重要的不是誠信嗎？」有人當場拆穿他說的方法不合公司制度，我看到同仁們對他的不以為然。

✰不平則鳴

我並非只在課堂表態，不平則鳴是因為看不下去。

一〇八年，安安參加台北市升高中特教學生的升學考試（相當於一般生的會考），第一天考試分成上下午場各兩梯。安安上午場結束後，第二批考生考試，我們回阿嬤家休息。下午回到考場，一位焦慮的阿嬤從頭到尾不斷重複用台語說，「到現在都還沒吃午餐！」

「十一點二十五分到現在還沒吃午餐」，我看了看手錶，下午一點半。

「十一點二十五分第二批的考生被老師們帶到考場，預計三十～四十分鐘就該結束考試，到現在孫子還沒出來，不知道到底發生什麼事情？」阿嬤愈說愈緊張。

我去找工作人員，她說，「不好意思，第一批的考生耽擱了一些時間，第二批考生現在還在考試。」

「妳吃飯了嗎？」我問這位工作人員。

「吃了。」她回答得理所當然。

「妳吃了飯，卻沒讓考生吃飯？」

「你們吃了飯，卻沒讓人通知家長，孩子們還在考試？」

「妳吃完飯了，知道考試時間延誤，卻沒有任何應變的能力與備案？」

我回家馬上寫了一篇文章，〈當弱勢者遺忘該如何為自己爭取權益，分享你所看到的，就能幫助他們〉，許多臉友轉傳分享，張廖萬堅委員（現為教育部政務次長）出面協調，教育局為隔天的考生準備麵包當午餐，以防萬一發生突發狀況。雖然安安只參與第一天考試，知道第二天的考生能被善待，真的很開心。隔年還有家長傳訊息給我，教育局準備麵包給考生，實在是很棒的延續。

用文字來發聲

我發表過一篇〈111年身心障礙學生升學大專院校甄試之驚世奇觀〉，這是平平安安升大學的考試（相當於一般生的學測），把我在腦麻升大學考場所見到的窘境寫出來。

大雨滂沱的日子，沒有雨天備案，考生奔走在兩棟大樓之間，毫無遮蔽物，淋得一身溼。唯一一間休息室是階梯教室，還有考生遠從馬祖來台北考試，怎麼會這麼離譜？這些全是行動不方便的考生耶！

一般考生都能夠在居住縣市考試，為什麼最需要協助的考生反而要跨海來考試？原來全台灣並不是每個縣市都有身心障礙考場。

我在試場找不到能處理現場狀況的人，這一篇文章帶來強大的力量，經過轉傳分享，素昧平生的汪怡昕導演從晚上七點與我聯繫到凌晨一點，張廖萬堅委員出面協調。第二天考生可以在考試大樓的B1稍作休息（有電梯），不用再在兩棟樓當中移行，試場也開放其他平面休息室。

考試結束後幾週，汪導帶我到立法院辦公室見張廖委員，我一併感謝他三年前仗義相助安安升高中考場事件。

張廖委員問，「怎麼都是妳？」

我感激的跟他說，「兩次都是您出面。」

一一二年，身心障礙升大學增加台中考場。一一三年，誕生台南考場。而且有了交通費與住宿費的補助（過往都是身心障礙家庭自行負擔）。家長和孩子們不用起個大早，可以就近考試。我更期望所有身心障礙孩子都能像一般孩子，在居住地考試，才是教育平權

德不孤，必有鄰，踩線時展現的是我們的價值主張。

仙·女·老·師·的·砥·礪

堅守底線帶來哪五個好處呢？

一、表態是你對這件事的容忍程度，不讓人軟土深掘。

二、表態是善良的起點，要撕掉「壞人」的錯誤標籤。

三、不一定要成為第一人，從中找到同頻共振的夥伴。

四、你捍衛的不只是自己，還有跟你有類似遭遇的人。

五、守住底線贏得尊重與信任，創造長期的穩定關係。

仙女老師的底氣

你的善良要有底氣支撐，表態是必要條件。

出聲保護自己，也保護你想保護的人事物。

18

底氣是打破框架，創造新感動

有什麼是你本來就會而別人需要學習的？
有什麼是你信手拈來而別人沒嘗試過的？
有什麼是你能為既有環境創造新的感動？

神奇的白板

我剛到企業上課時，因為白板發生過幾次溝通上的狀況。
當我跟管理顧問公司或授課單位說，「請幫我準備白板。」

第一種情況是：「什麼白板？老師，我們有海報紙。」

第二種情況是：「老師，您說的是白板架嗎？」

第三種是比手畫腳問我，是不是有框的白板？

當出現這樣的問題就代表白板不是教學慣用的教具，以至於需要反覆確認。

我使用的是約莫45×45公分的軟性磁鐵白板，無框，可雙手舉起，也可張貼於白板或黑板上，合作過的管顧也因為我而有了第一次買白板的經驗呢！

曾經有一堂課，HR把兩位向來不睦的學員排在同組，學員就定位後來不及換組，我是外部講師自然而然的上課，也沒發現有什麼不對勁。下課後HR跟我說兩人素有嫌隙，還很佩服我讓他們化干戈為玉帛，合作無間，勇奪冠軍隊，這就是白板神奇的魔力。

讓每個人的聲音都被看見

為什麼我指定要用白板呢？

我很不喜歡抽籤，抽籤會讓學員感到恐懼。我也不喜歡舉手法，舉手一次只能一個人回答，最多也就幾個答案，加上老是固定那幾個人的聲音，答案不夠多元。

其他人不是沒有想法，只是課堂機制讓他們選擇沉默，覺得自己的答案不講也沒差，就學習效益來說，這些學員的學習狀況如何，同儕與老師無從得知，然而他們的意見也很重要啊！

荀子說，「君子生非異也，善假於物也。」意思是說君子跟一般人沒有什麼不同，只不過他們善於借助外物的輔助。工欲善其事，必先利其器。都在強調工具的重要性，白板正是我課堂必備的神器，它能夠讓學員整堂課眼神閃閃發亮，提升專注力，增加團體動力，學習效果更勝以往。

上課前，會先將磁鐵白板，白板筆和板擦放在每組桌上，每當問問題時，明確的要求學員寫在白板上，開放式的問題要求條列，簡易的問題簡單幾個字，答題時間長短由題目難易度決定。

你會發現以前要求小組討論時，學員面面相覷，不知道該說什麼，給了一張白板，就會有人主動拿筆寫下答案，組員靠近相互交流，目光全在白板上，白板具有視線聚焦與化解尷尬的功能，視覺化讓組員了解彼此想法。

寫好之後，要求各組站立，將白板舉起來，兼具舉手法與活動法，講師一目了然，不再是單一或固定的人舉手，課堂顯得熱鬧有趣，學員參與度大幅提高，每個人的聲音都是需要被聽見的。

從寫好白板到舉起白板，學員在這當中會遇到的狀況是，對於沒做過的事感到遲疑與害羞，左顧右盼，想看看其他組怎麼做，這也是我在內部講師訓中會特別提醒講師留意的地方，不要急進，要循序漸進。

舉白板成為亮點

學員一開始只敢坐著舉起白板，我二度示範站立舉白板的動作，經過練習後，四、五次就能身心自在，運用自如。

內斂的科技業舉白板，透過肢體展現學習態度，而不是刻板印象中的坐著毫無反應；熱情的服務業舉白板，一股腦展現的是求知若渴，而不是沒被點到回答的悵然。舉起白板往往是拍照亮點，不可或缺的成果照片。

站立運用的是活動設計須動靜穿插的原理，舉白板相當於舉手法，只不過這一次不會只看到一組，而是各組都被看到了。再加上加分機制，各組都能加到分，就又產生新的一波學習動力，此時還會聽到掌聲與歡呼聲。

小組發表時，請兩位學員上台，一位拿白板，一位拿麥克風，通常大家都會搶著拿白板，就又開啟一波心照不宣的笑聲，台下學員看到精采的答案也能及時拍下保存。

✩符合各種潮流的白板

白板是我以前在學校時慣用的教具，用了十幾年熟到不能再熟。內訓則是慣用海報紙，無論是寫好再張貼在牆上或是張貼在牆上書寫，機動性不足，也造成課後清理紙類回收的問題。白板擦了再寫的特性，符合ESG環保永續的精神，很多學員很欣賞這樣的做法，常跟我說他們回去後，也要去買白板。

初始不發言的學員們，會覺得既然那個人想講就讓他講，漸漸的覺得「我也應該要對小組有貢獻」而發言，我常是從掌聲中了解這個人難得開了金口。善於表達的學員放下了自己一定要講話的執著，鼓勵小組中寡言的人，正是扶助弱勢的實踐。

舉起白板能夠看到每個學員的表現，展現的是SDGs優質教育，有教無類、公平以及高品質的教育，當你看到董事長和高階主管也這麼做時，無疑是終身學習的最佳典範。

視覺化的不只是白板上的答案，更清清楚楚地看到學員的表情，不批判對錯，讓講師了解學員的學習，學員間也可相互了解，課程既是學習，更是人際交流與溝通。每一堂課我都會要求，講過話的人就換其他人發言，舉過白板的學員就換其他人舉，沒有人可以獨立於課堂之外，就像工作中沒有人能置身事外，團隊合作不只在工作中，學習也是如此。白板操作細節詳見《仙女老師的有溫度課堂》。

一個人走得快，一群人才能走得遠。

白板價格低廉，創造的價值卻無限。

仙·女·老·師·的·砥·礪

提供你五個方法，思考在相對穩定的環境中，創造了哪些感動？

一、人們覺得新奇，沒有嘗試過。剛開始做不來，卻能很快上手。

二、說得出理由與看法，讓對方了解你的用意，提升人們配合度。

三、AI時代更要創造人與人連結，讓對方感覺到被在乎與受重視。

四、愈是習以為常，打破框架愈要循序漸進，慢慢來，就會成功。

五、高效團隊中人人都是一級戰將，引動沉默的靈魂是必要條件。

仙女老師的底氣

外在改變引發內在感動。

內在感動化為改變動力。

19

底氣是讓限制成為激勵與成長的力量

你是否具備打破框架的思維？
你是否擁有挖掘潛能的眼光？
你是否掌握教育訓練的技巧？

安安高中念特教班，高三會有三天校外實習，當老師為其他同學找到實習單位時，安安遲遲沒有著落，我心裡也有底，行動不便確實很難有工作機會。好不容易，老師告知安安也可以去實習，我們全家興高采烈，只差沒敲鑼打鼓，那種快樂就像我當年考上教甄一樣，千載難逢的機會。速速帶安安到優衣庫買三條長褲，跟她說上班要正式一點，短褲和五分褲留待平日再穿。

上班第一天，安安負責的是零件組裝，光是學習組裝的巧勁至少一個月。專責安安的老師見到我們並不熱絡，反而是另外一位老師跟我們說明安安的狀態，我感覺有些不對勁。第二天，安安回到家就說，可能不用去實習了，我們還在納悶到底發生什麼事？第三天，單位的老師就跟我們說因為疫情，正式員工和實習人數不得超過八人，才上班一週的安安就這樣沒了實習機會。

其他同學就算被「退貨」，還是能找到其他單位實習，而安安就待在學校裡，早上跟無法被派出去實習的同學打掃熱食部，擦擦桌子，消耗四小時，下午在教室裡聽音樂唱歌，一整年的高三生活就在學校裡被「閒置」。當初買褲子有多喜悅，此時的挫敗就有多慘烈，安安很沮喪，我也覺得好殘忍，怎麼會這麼突然呢？實習的機會沒了，沒有機會看到外面的世界。不能實習，提前預告未來求職之路的乖舛。

找到出路

從我上TED後，我就常提醒身心障礙家庭永遠不要放棄，這裡嘗試一下，那裡摸索一下，一定會找到路的。安安高中畢業後，我思考安安能做什麼？打掃清潔顯然行不通，門市服務也不適合她，安安的書寫能力是她的優勢，也是亮點。當我去學校演講就帶著安安，讓她坐在一旁記錄，寫她觀察到什麼，條列的記在筆記本上，舉凡分組，挑人回答，問了哪些問題，冠軍隊頒獎……，她最高記錄可以列出五十幾點。

半年之後，她寫的內容大同小異，我就轉換形式，讓她直接參與課堂，跟三、五位組員一組，跟著大家小組討論，短暫的有了「同學」。回家後，將課堂學習寫成部落格，從紙本記錄轉為電子書寫。

二〇二〇年起每週一堂電腦繪圖課，至今邁入第四年。初期我為她訂的目標是一天一幅畫，就算無法完成一幅畫，至少天天要有進度，約莫一週也能有一幅還不錯的作品。

二〇二四年因為上了陳世斌老師「生成式AI繪圖課」，安安又多了一項才藝。這都得感謝在世新大學廣電所任教的黃聿清（小黃老師）邀請安安跟研究生上課，牽起了我們跟世斌老師三次課堂的緣分。小黃老師說，世斌老師是神人老師，這機會我們當然不能放過。

爸爸帶安安去上課。兩人聊起來，才發現爸爸是世斌老師女兒的高中老師。兩人互教對方的女兒。第二次是文山社大和公視合作的公民記者課程。第三次是北大公開班，老師問我，安安上了他這麼多次課，會不會覺得無聊？（因為老師每次問問題，安安都會舉手，讓老師以為她都會了。）世斌老師為了鼓勵安安，寫了一篇〈我最棒的學生──安安〉，我才想起三月份安安剛認識老師時，只想生寶可夢的圖，現在已經能加入新元素，逢生日與節慶便能生圖送朋友呢！

我教安安開設「安安開飯」頻道，從烹飪中練習精細動作，開場介紹練習表達能力，也讓她剪輯影片，一舉數得。

二〇二四年上半年，小黃老師希望「安安開飯」能夠更精緻，邀請安安到世新廣電所上課，安安的同學全是研究生。期末報告以「安安開飯」為主題，世新廣電所的哥哥姐姐們各有擅長，教安安如何拍照取景，設計頻道封面，分享成功的自媒體經營案例。還特別安排一堂實做課，到家裡教安安架網美燈和取景。成果發表日，邀請家有自閉兒的「葛胖手作麵包坊」葛爸爸出席，葛爸爸為自閉症兒子恩恩做的肉桂捲，超有味道。

感謝小黃老師的發起，發想「安安開飯」的其他可能，衍生出「安安上學趣」、「安安旅遊」、「安安開箱」、「安安動畫」，再幫安安把現有的內容分類，YT畫面乾淨方便搜尋。後來我再上了Lion「老獅說短影音」課程，幫安安拍了一系列短影音，又多了「安安短影音」系列。

安安有自己的頻道，也有部落格，我沒有再為她開個人粉絲團，沒有力氣再幫（教）她經營粉絲團。直接把她的作品放在我的臉書上，有朋友或粉絲讚美她，我把留言給她看，她看得開心，我就教她怎麼回覆，第一句話是「我是安安……」，留言數多，安安文字應對的能力也逐漸提升，她也能從臉書名字判別這是阿姨還是叔叔，是見過面還是未曾謀面，這不就是最有溫度的溝通嗎！

看見安安的天賦

安安高中畢業後的半年，迎來她的第一場講座。長庚醫院的楊若筠治療師長期關注我臉書，看到安安突飛猛進，希望安安能夠跟治療師生們分享她的成長，我問安安願不願意跟大家分享？安安同意了，很多孩子畏懼上台，安安躍躍欲試，她很樂意接受挑戰。

二〇二三年三月三日，這天是我的結婚紀念日，也是安安第一次演講，林口長庚醫院的醫學人文講座「看見孩子的天賦，成為孩子的光」，十五人的小型講座，我講二十分鐘，安安講三十分鐘，治療師們訝異這個一出生只有八百多公克，被判定終生癱瘓的孩子，會寫作，會做飯，會畫貼圖，還會演講，更厲害的是在講座中穿插遊戲化元素，治療師們訝異安安會做的事超乎他們的想像。若筠為她製作感謝狀，貼心的在裝有鐘點費的紅包上寫上「倪昀安」三個字，新台幣帶來的肯定，比什麼都實際啊！

三月中，我去馬來西亞吉華獨中演講，第一場教師場觀眾的評價很高，第二場的親職講座是售票演講，家長和社區用行動力挺學校活動不遺餘力，口耳相傳，報名人數一再增加，高達三百人。我很常說「等待是最溫柔的對待」，要怎麼等待呢？如何縮短知道到做到的距離？最後二十分鐘，我讓安安上台短講，她還不是很能掌握麥克風的拿法，我幫她拿著麥克風，站在她身邊，默默地成為人形麥克風架。

安安稿子背得極熟，照片搭配提問，影片加上口頭說明。當她提到得過跑步冠軍，是因為報名只有兩個人，另一個人缺席，引來現場哈哈大笑。時不時出現的掌聲，比我演講時還要大上許多。

大場演講，安安無所畏懼，最難得可貴的是反覆練習。每週「安安開飯」不到一分鐘的片頭，重錄五十幾次司空見慣。我四十歲之前還沒勇氣講三百人的場子呢！悄悄拭淚的觀眾用眼淚肯定安安的努力。

安安的第一場企業內訓在五月，愛斯特邀請她到AIA與社工社同仁分享，之後，陳姿吟邀請她到富邦人壽，佘淑真邀至中國人壽，陳沛潔邀至新光人壽，安安以自身例子激勵業務，成就更好的自己。

英文有句俗諺說，「教育一個孩子需要動員全村之力」，安安的進步是網路世界裡的壯麗風景。

仙‧女‧老‧師‧的‧砥‧礪

提供你五個打破限制的好方法：

一、建立「凡事有可能」的思維。

二、多元探索不要被框架所限。

三、拆解步驟讓潛能得以發揮。

四、文字影音和圖像作為載體。

五、機會來臨勇敢說「我可以」。

仙女老師的底氣

限制你最多的永遠是自己。

激勵你最多的也是你自己。

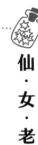

安安日記

二〇二三年四月十二日星期三

二〇二三年馬來西亞八日遊

二〇二三年三月十日，爸爸送我和媽媽還有外婆去桃園機場搭飛機。因為馬來西亞吉華獨中莊琇鳳校長邀請媽媽去演講，所以我們三人前往那裡，總共要去八天。

我站在三百多人面前演講。我手上拿著投影筆，我幾乎只有在快要忘記時，才會看了一下簡報。其他的內容我都用背的，是媽媽跟爸爸說要幫我買耳掛式麥克風，以後我就可以戴著說話，謝謝我的家人。

我跟大家分享高二得到跑步比賽冠軍的榮譽，我播放跑步比賽的影片來證明這件事，通過影片來說明比賽經過。本來有兩個人報名，但是因為另外一人沒來參加，最後只有一人參加，就是我，我是冠軍。主辦單位還頒發一面獎牌給我。

大家都會願意參與討論，舉手回答問題，之後才換我公佈正確答案。

隔天早上校長和媽媽跟我說她覺得我很棒，說她們覺得很感動所以哭了，好多人也哭了，那是因為看到了我的努力和進步。

二〇二三年十二月十三日星期三

富邦人壽富薇通訊處「成就更好的自己」分享

十二月十一日，我去姿吟姊姊公司富邦人壽富薇通訊處分享的日子。

我早上起床後就有點緊張，因為我沒有對著保險業務演講過。十一月十日下午通電話時，姿吟姐姐給了我很多信心，告訴我分享絕對沒問題。

姿吟姐姐是主持人，他們有準備椅子讓我扶著演講，因為這樣可以讓我身體有個物體來支撐，接下來我唸題目給台下觀眾聽，唸完題目，等待大家討論到一個段落，才公布這題的答案，每一題的形式都是一樣的，台下的聽眾都在姐姐和爸爸的提醒之下，完成每一題的作答，富邦人壽的大家給我一種很溫暖也很有愛的感覺。

講座結束後，主持人說觀眾被講座的題目吸引，也被分享內容激勵了。

謝謝處經理頒發感謝狀和演講費，還送一份聖誕禮物給我，禮物讓我好期待聖誕節當天的到來。

有一位姐姐到休息室鼓勵我，她說這場講座給她很大的鼓勵，因為她女兒出生被醫生說有遲緩的現象，問我怎麼面對身體不舒服的狀況，也讓我知道講題訂得很很好，我覺得自己還可以再更努力。

後來我問姐姐富邦有幾個部門呢？姐姐說有好多部門，她有機會找時間幫我介紹到其他部門，我說好啊。

謝謝姿吟姐姐給我這個機會去分享，也謝謝觀眾熱情的回應和許多正向的回饋，謝謝大家的陪伴與得到更多滿滿的正能量。

回到家後，媽媽和平平問我觀眾有什麼反應？我說有一位問我問題的先生一度哽咽，她們還問我知道「一度哽咽」的意思嗎？我說知道，就是說不出話來的感覺。我的回答讓她們感到驚訝，也說我又學會一個新的詞了。

謝謝自己願意花時間一直不斷重複練習分享時要講的所有內容。

謝謝平平的祝福，祝我演講能順順利利。

謝謝爸爸把握時間陪我練習簡報。

謝謝媽媽幫我製作投影片和放音樂讓整個演講變得很有趣。

謝謝姿吟姐姐說了一段很有意義的開場和拍照及錄影。

期待下次再去富邦的其他部門分享。

世新大學廣電研究所——期末報告

二〇二三年五月十九日星期日

小黃老師邀請我五月十七日星期五到世新大學上課，那天是哥哥姐姐期末報告的日子，報告主題跟安安開飯頻道有關，小黃老師希望我們聽看看，所以我們當天一大早就出門。

另外，小黃老師也邀請葛胖叔叔到場，他開了一家麵包店，帶了很多口味的肉桂麵包和酥脆的蔥油餅過來，而且還和自閉症的小孩恩恩一起做燕麥餅乾，每一樣都很好吃喔！

哥哥姐姐們的報告主題是針對安安開飯優化和行銷。班代哥哥在日本，採線上報告方式。報告時，我在拍照做紀錄，我覺得他們的報告做的很不錯，字都看得見，顏色很繽紛。另外，他們也分析我頻道優劣點，建議我可以去買更好穩固的腳架，知名的烹飪廚師合作，開團購，影片分類。

姐姐們後來教我如何在家獨立運用腳架拍片。

五月十九日星期天中午，我們把腳架放在哥哥姐姐們五月十日來家裡看場地幫我貼的紅色膠帶上，膠帶是小黃老師帶來的，媽媽幫我試拍一段炒山菠菜的短影音。

我午睡起來去廚房煎蔥蛋，媽媽幫我把網美燈立在貼了紅色膠帶的地方，讓我練習自己去按手機的錄影鍵開始煎蛋。

試了一次用腳架架手機，也試了一次用網美燈。

我很幸福，能有學習機會，也喜歡做菜。

20

底氣是有閨密的陪伴

你上一次與人推心置腹是什麼時候？
你願意把心防敞開到什麼樣的程度？
你願意放下自我傾聽不一樣的聲音？

二〇二三年底，好多朋友在臉書上回顧，少則三、五十字，多則上千字，字數愈多，描述愈詳細，更加感受到成果的豐碩。乏善可陳的我，沒有突出的改變，寫不了這麼多字。直到年底的兩場聚會，敲碎我的顧影自憐，瓦解我這三年來的憤怒，我學習跟過去的自己和解。

✰好友幫助我看到自己的價值

十二月二十九日，我跟閨密外宿，照例我們會挑一家飯店過夜，分享最近的生活。牛奶姐、Eva和Kate傍晚便會合，我慢條斯理地先在家吃晚餐，再回到婆婆家幫安安洗頭、洗澡才出門，時間已經快九點。

到了飯店，房間裡飄散著精油的香氣，取得芳療證照的Eva，大器地把近百罐精油帶來讓我們嘗試，房間裡空調出問題，待久了冷得不舒服，飯店住客多，不好幫我們換房間，派服務人員拿暖氣機來，房裡的溫度才逐漸升溫。

我有一搭沒一搭的聽著她們聊的話題，是我甚少接觸，沒聽過的，有些好奇。牛奶姐一一幫我們測七脈輪，標的物的轉動反映個人目前的狀態。我看著她們三人的轉速就像遊樂園中的旋轉椅幅度之大，而我，幾乎是停滯不動的，她們疑惑地說著，「怎麼會這樣」，我被這五個字電到了，我怎麼會這樣呢？我的不開心就這樣沒有修飾的呈現在姊妹們面前。

Kate說，我們來分享今年的收穫吧！牛奶姐分享隻身到印度的旅程，從遇到惡意的司機說起，她解了困厄，期待下一趟西藏之旅。Kate分享兒子94籃球努力大半年，卻在比賽前受傷，她不因為兒子沒上場而失意，依舊為球隊打理各種事務，心裡無比歡喜。Eva扭轉劣勢，翻轉二〇二二卦象的困境，讓自己成為一道光。

輪到我時，我拚命地在腦海中過濾有哪些精采或是我的成長：身心障礙試場事件嗎？這早是二〇二二年的事。是我在特教講座結束後，老師們告知我身心障礙考場的增加嗎？這是張廖萬堅委員的努力，不是我的。是我幫張廖萬堅委員拍了一支競選影片，讓大眾看到他對於弱勢學生的照顧嗎？這是感恩回饋稱不上成就。是我讓學員帶著愉快的心情學習，感受到學習的成就嗎？這是我的本分，有什麼好特別誇口？我的二〇二三普普通通，我很落寞。

牛奶姐的話是荒漠甘泉，她說，「妳對我們很寬容，當我們說著妳聽不懂的話，妳也不會不想聽。」姐用「寬容」溫暖了我。我看著她們說，我只想到帶著安安做了哪些事，拍影片、去演講。牛奶姐問我，「為什麼妳講到安安會皺眉頭？」我沒有意識到的事，一下子就被姐看到了。

Eva說，「妳應該要認識自己，妳的文字和語言有著憤怒感。」這更是一記警鐘，我明白內在的衝突左右了我的情緒，我還沒走出安安高中階段所遭遇的種種不合理對待，更瞧不起握有權力的人，不以身作則的說一套做一套。

安安高中階段生了場大病，日子變得更忙亂。我常想著如果沒有去念那所學校，就沒有後續烏煙瘴氣的事發生。我沒有多餘的心力關注外面世界，只能把分內事做好，我花更多心力在安安身上，母女一起完成好多事。「安安開飯」二十六集，演講十六場，部落格三十五篇，電繪畫作應該有五十幅以上，每週親子畫圖課，大量的陪伴，安安的成長雖慢但有品質。我也帶我媽和安安到馬來西亞授課兼旅行八天，全家到日本九州自助旅行九天。我沒有不好，也感覺不出來哪裡好。

「我會談價錢了，有了屬於我自己的課程訂價」，這大概是唯一的亮點。

拒絕讓憤怒填滿生命

凌晨兩點二十分就寢，隔天六點半她們陪我吃早餐。用餐後，我要到台中授課，Eva說，「希望昨晚沒有刺傷妳。」我更想說有這群姊妹真好，她們說出了我自己不願面對的真相。

下課後，我去找住在附近的小惠，說好了晚上住她家。小惠婚姻出狀況，離婚談了一年多，男方避而不見，令她很煎熬。之前幾次來台中看她，都帶著安安，沒機會深談，這次刻意不帶安安。她帶我到家裡附近的牛肉麵店用餐，她簡單說著最近的生活：避免下班後塞在車陣中，先去公司旁的小學運動，再開車回家。同事間的感情好，說說笑笑也能忘卻不開心，她吃得比我還多（我正在飲食控制），走出陰霾後的笑容照亮整間店，好替她開心。

靜謐的夜晚，愈夜，愈容易掏出心裡話。十二點，我們還不想睡。小惠說著前夫過去曾經對她的好，現在的他讓她看到外面廣闊的世界，她去聽五月天演唱會，跟朋友去香港旅行。她喜歡現在多采多姿的生活，雖然離婚還沒談妥，但心境上已擺脫他，稱謂上也改為前夫，讓他在另一個家庭過有妻有子的生活。

小惠充滿感謝的表情讓我不自覺流下眼淚，我想起昨晚姊妹們的話，如果傷人的另一半能夠讓小惠看到眼前的光明，懷抱無限的感激，為什麼我做不到？為什麼我要這麼用力地讓憤怒填滿我的生命？這一天，好巧也是凌晨兩點二十分就寢。

友情的力量

年底，兩次姊妹的聚會，聽著她們的精彩，為她們的成長感到開心，我也想學習她們的自在。謝謝牛奶姐、Eva、Kate、小惠點醒了我，過去的不好都過去了，未來還來得及創造，不要回頭，大步向前。

二〇二四年，發生了另一樁重大事件，姊妹們的話言猶在耳，格局不同，視野就不同。對方擔心我在社群上發文反擊，封鎖我臉書，我靜靜的處理完該有的程序，留下記錄，跟自己說：「過去的不好都過去了，未來還來得及創造，不要回頭，大步向前。」沒有怨恨，心存感謝，我重生了。

仙・女・老・師・的・砥・礪

閨密陪伴，有五個細膩的作法：

一、無條件的接住對方，慢慢說出口。

二、愛與包容修復傷口，不擔心尷尬。

三、一句話有不同詮釋，用善意解讀。

四、夜間的寧靜好交心，心靈更靠近。

五、用行動回應姊妹情，結伴向前行。

仙女老師的底氣

姊妹是懂你，而你也懂她的人。
讓你相信自己值得更好的對待。

21

底氣是過你想過的生活

現在的生活方式是你期待的嗎？
你會如何排出人生價值的順序？
你的快樂是否遠遠大過於焦慮？

二〇二三年十二月，我報名減重班，目的是降體脂，想了解如何正確飲食，餐餐將飲食拍照上傳到群組，營養師會給予專業建議。很快的，一個月就有明顯的成效，我的體重從五十三公斤降到四十九公斤，小腹消失，出現腰身，生孩子之前的褲子一件件能穿上，讓我很有成就感。體重下降得多，體脂減少的速度極慢。以往只想靠飲食減重的我，想趁勝追擊，擺脫泡芙人的行列。

二〇二四年一月，我到健身房繳年會，決心培養運動習慣。我曾經上過三年一對一重訓課，體能差，不喜歡運動的我，因為疫情沒能持續上教練課，反而如釋重負。一月份正好是講師淡季，我把握時間上團課，晚上九點去，星期六、日照常去，跳Zumba、有氧課程，教室音樂震天響，舞蹈動作有趣，跟不上教練節奏，也不覺得丟臉尷尬。教練群很厲害，鼓勵我們跟著做，跟不上也沒關係，看似沒壓力，事實上累得半死。一月份我去了十一次，二月份去了九次，健身房的業務薇珊傳訊息鼓勵我：「怎麼這麼棒」，我好感謝她看到我的努力，我都想為自己拍拍手了。

我想要的生活

就在我第六次興高采烈地到了教室外，提早到的學員正在準備登階和啞鈴，心裡一驚，這難度很高，不適合我，正想打消念頭回家。又想想，既然來了，不如趁這個時間重訓，我也很訝異自己對於運動的主動性又提高了。

報名時，薇珊教過我怎麼使用健身器材，我一小時內使用六種器材，大腿、小腿、胸推，各做五組。拿起手機自拍，還不忘開啟美肌模式。

上午十點，健身房裡小貓兩、三隻，我突然意識到這是上班時間耶！我竟然在運動，沒在上班，怎麼可以這麼「悠哉」？我轉而思考：這是我想要過的生活嗎？我到底想過什麼樣的生活呢？不是朝九晚五的工作時間，可以隨需要安排自己的事，喝咖啡，運動健身，出國旅遊，跟朋友聚會，我不想用「自由」這個詞，過於空泛。跟我過往的經驗相較，「沒有框架」更適合形容現在的我。

我努力地想，我想過什麼樣的生活呢？這可把我考倒了，我居然沒有想過要過什麼樣的生活。常常聽到財富自由，這也不是我人生所期許的。

我第一時間回憶起，開著車載平平安安復健的過往，先生要上班，七十歲高齡的公公陪我去醫院，下了車，手忙腳亂地把孩子放在娃娃車上。上午在天母，兩個孩子結伴，結束後，送平平回婆婆家。中午帶著安安趕到中和，繞個二十分鐘才能找到停車位，運氣好，一下子找到停車位，真是當天最美好的事。接著再找地方吃飯，食物的味道是什麼樣也不知道，又匆匆趕到教室上課，聽老師提醒的重點，回家該怎麼教安安，忙忙碌碌，來去匆匆。

帶著兩個腦麻的孩子，看不見的壓力超乎想像。現在的生活是我喜歡的嗎？這麼重要的問題，我怎麼從來沒有問過自己？

過得愈來愈歡喜

我專注於帶著安安提升能力，希望平平以她的興趣選擇工作，那我自己呢？我大部分的時間在工作，非工作時間呢？那一刻，我慌了，沒有答案。我不放棄的又問自己，「我想要成為什麼樣的人呢」？「做個有溫度的人」，早在十三年前就找到答案了。為什麼我不曾思考過我想過什麼樣的生活呢？我應該好好問自己現在的生活方式是不是我所期待的？

我喜歡現在的生活，做喜歡的工作，沉浸在教學與演講的心流中，珍惜每個工作機會，感謝主辦單位，感謝客戶，感謝管顧，感謝與我成就每一堂課的夥伴。

沒課的日子，培養安安自理能力，洗碗、做飯、收拾物品、打理書桌、教她簡報與演講；帶著她衝步數，要求她一天至少走五千步，辭職後的前一年半，我一週帶安安散步三、四天，走著走著成了習慣，先生自然的加入我們。

有時候我有課，搭高鐵回到北車，先生早早到北車，帶著安安走了好幾千步。到外島或出國上課，帶著家人前往，在外地住一晚或兩晚。我白天上課，家人自行安排行程，晚上一起吃飯，分享旅行中的體驗。隔天沒課，四處走走看看，上網找找附近有什麼好吃好喝的，沒有一定要去什麼地方，吃頓飯也算到此一遊，創造家庭回憶。課程淡季安排出國旅遊，台大十二月底便放寒假，平平該繳的報告如期繳交，沒有被機票和住宿貴到，到哪也不會人擠人，換個地方過我們的日常。

✫人生變得更有品質

去年，我媽媽腳受傷，一年多來行動不便，原本每天要去運動公園運動的她變得寸步難行，她有感而發的說：「我終於可以體會平平安安走路的辛苦。」我妹回應她，「妳的辛苦是她們的日常。」人們很難理解沒經歷過的事，就算親如家人也是如此。

我二〇一六年上TED時講身心障礙議題，那時候認為必須彰顯教育扶弱拔尖的價值。而安安高中發生的一連串不合理的荒謬對待，我才逐漸意識到我的使命是讓社會大眾了解身心障礙家庭，對他們多一點同理，多一點溫度。於是，辭職後的我，比以往勤快的在臉書上分享家庭生活。安安的電繪和短影音，看似簡單，花的心力是一般人的好幾十倍，甚至更多。玩樂對安安來說也是學習，學習互動，景點介紹，點餐消費，所有她具有的能力，都是一點一點教出來的，我們始終努力不懈，不曾放棄。

擺脫公立高中老師的框架，自主性高，家庭、健康與工作調和得有品質，帶著使命往前進。

仙・女・老・師・的・砥・礪

提供你找到自己想要的生活方式的五個方法：

一、回想人生中最痛苦的經驗。

二、排序人生價值的前三順位。

三、列出由劣轉優的具體改變。

四、專注眼前所能掌握的事物。

五、思考哪件事讓你不枉此生。

仙女老師
的底氣

生活是你的，日子是你在過。
你有權選擇讓自己過得更好。

22 底氣是患難之中見眞情

什麼樣的人叫朋友？
有沒有跟你個性天差地別的朋友？
關係很近想法卻南轅北轍的朋友？

我想到了小真和小玲。
平平安安出生之後，因為早療復健，四處跑醫療院所，我跟同學們全斷了聯繫，身邊最重要的事是把孩子顧好、把學生教好，再也沒有多餘的精力放在其他事上，直到辭職後，我找到了他們。

校園情誼不斷聯

小真是我研究所同學，我為什麼被稱為「仙女」，小真是推手。研二時，我考上私立高職教師甄試，學生很喜歡我，老是喊我美女，小真說叫美女有什麼稀奇的，要叫就要叫「仙女」，「仙女」只有一個。想想她講得很有道理，我就讓學生稱呼我「仙女」。

我跟小真個性南轅北轍，過去的我害怕得罪人，講話繞來繞去，彆彆扭扭，盡可能地不傷害對方，以至於旁人沒能明確的知道我要表達什麼。小真很有原則，人我界線清晰，嚴肅地告訴我，她不喜歡什麼事，避免我無知踩到地雷。她看書時不喜歡我找她說話，會干擾她。她說這些話時，義正詞嚴，面無表情。雖然她年紀比我小，我還滿畏懼她的。我當時蠟燭兩頭燒，教職一週二十二堂課，分身乏術，研究所課業多有疏忽，所上事務參與度不高，她是才女，在她眼裡我是個不知上進的廢人。

我那時候常想，如果我跟隔壁的毓麗同寢室該有多好，雙魚座的毓麗擅長傾聽，她希望每個人都能好好被照顧到，邊緣人的我成了她關心的對象。如果毓麗在寢室，我會跑去隔壁，毓麗不嫌我吵，會放下手邊的書問問我有什麼需要。研究所畢業後，我跟小真理所當然斷了線。

疫情期間，毓麗跟我說小真在德國有些狀況，我情緒激動的要了小真的聯繫方式，沒算時差，撥電話給她，講了兩個多小時，我們的距離變得好近好近。一個知道你過去的人，在此刻生命重新產生連結，才知道她畢業後，去了德國，嫁給當地人，人生地不熟，聽不懂德語，跟丈夫感情不睦，積蓄不足，無法回台，過往的意氣風發不再。還好現在二婚的她很幸福，在老人院讀報給老人聽，上進修課程，臉書上精心烘焙的西點，有著成年人難得的自在。

二〇二三年，她回到台灣，帶了禮物給我，我們聊近況，她說沒想到我現在這麼有成就，我也沒想過這輩子能得到小真的讚美。杜甫的詩句說得好，「人生不相見，動如參與商。今夕復何夕，共此燈燭光。」畢業二十多年沒什麼比能再聚首更開心的了。

病中更顯友誼珍貴

小玲是我大學同學，有著強烈的正義感，有話直說，扶助弱勢。從台北到台中念書的我，不會騎腳踏車和機車，到哪都不方便，也不願意等公車，常常仰賴同學們的接送，小玲便是最常載我的人。大三時，我們在校外租屋，相約住在同一棟，她載我上學的機率更高了。常有五專時的學長姐學弟妹來宿舍找她，因為我們同是五專插大生，她的朋友也都成了我的朋友，

大學畢業後，外語不佳的小玲到歐洲念書，我超佩服她如願拿到學位。我剛結婚時，她來台北曾經住在我家。平平安安出生後，我顧孩子又要上班，分身乏術，她是極少數會主動問候我的人，她的率直讓我一股腦把孩子身心障礙的狀況讓她知道。她北上時會帶著禮物給平平安安，我最記得的是鄭成功洋芋片，她一如以往地以身為台南人為榮，向我介紹這是台南市政府推出的限定款，別的地方沒有，要我給平平安安。

二〇二三年七月，我到台南上課，整天的課程將近六十位國中小老師，午餐時間主辦單位安排我與校長團隊共餐。卻有一位老師來找我，跟我說她是小玲的姐姐，告訴我「小玲中風了」，明明是暑假，我卻不寒而慄。我便和小玲的姐姐在教室裡聊起小玲近況。她向我敘述小玲三月份某天下午開車要去剪髮，不料傍晚卻還沒到美容院，而是一路從台南開到屏東，快到台東的阿朗壹時，因為車子輪圈的輪胎皮磨損到只剩鋼圈，卻還開在路上，沿途有民眾覺得危險通知警方。車子不能開了，小玲就用走的，疲憊的她到飯店投宿時，機靈的櫃檯人員感覺異狀，打電話報

警，家人才知道原本要去附近剪髮的她已經在一百多公里外。他們後來調閱監視器，發現小玲的車曾開在懸崖邊，要是再往前一步，很難想像還找不找得到她。那一天，我一直在想我可以做什麼，就像當年小玲對我一樣。

七月底，我約了幾位大學同學到家裡看小玲，小玲媽媽叫我「懷瑾」，人生階段只有大學同學會叫我「懷瑾」。自從小玲生病後，她的家人更加忙碌，我完全可以理解，就像我的生活重心圍繞著平平安安。我們跟小玲拍了合照，她的家人不介意我把合照上傳臉書，這是一份深重的祝福。

小玲的家人請我代為連絡她五專時的學妹，之後幾週，小玲五專時期的同學和學長陸陸續續傳訊息問我，「小玲怎麼了？」他們看到活潑的小玲在臉書上的合照是坐著的，而且眾人圍繞著她，心中感到怪異，甚至有些陌生訊息是我曾聽小玲提起過但沒見過本人的學長，我為廣結善緣的小玲牽起了昔日與五專同儕的情誼。

二〇二四年一月，我跟小惠相約要帶小玲出門走走，小玲媽媽不放心她出遠門，我跟小惠訂好台南大飯店，為小玲辦兩天一夜的輕旅行。到家裡接她，她瘦了，氣色好很多，小玲媽媽直向我們道謝，她擔心我們太辛苦，我們笑著請她得趁這兩天好好休息。

小真是我的室友，朝夕共處，磨合再磨合，她包容我很多，也教會我人與人之間的界線要清楚。小玲是我的鄰居，百萬買房，千萬買鄰，里仁為美的代表，到哪就會想到載我一程。小真和小玲都有種見不慣就說的特質，求學時期都不是我最親近的朋友。年輕時的我，不知道如何應對，現在的我懂得如何回應，也格外珍惜這難得的情分。

仙・女・老・師・的・砥・礪

異質化的朋友帶給我們的五個收穫：

一、立場與你並不一致，提供你不同的思維。

二、他在意的恰好是我們容易忽略或遺忘的。

三、保持距離和平共處淡如水也能有真情意。

四、你在包容他，別忘了他也寬容的接納你。

五、說真話的人極少見，練習傾聽檢視自我。

仙女老師的底氣

跨出同溫層要結交異質化的朋友。

意見不同相互交流是成長的開始。

23

底氣是讓天賦自由，與他人共好

用一個關鍵詞形容你自己。
你在什麼時候會進入心流。
如何找到在群體中的位置。

發現我的天才

二〇一三年，我參加PBL研習，認識元智大學化學系張幼珍教授。老師知道我在學校裡運用PBL教學，課程結束後，邀請我到元智分享跨領域教學，也讓我帶PBL教師工作坊。當時以高中老師的身分帶領大專院校的老師，我可是戰戰兢兢的，深怕講得太淺，丟幼珍老師的臉。所幸獲得好評，也為我的教學開了扇門，原來我也可以對教授們授課呢。

工作坊中最大的收穫不是我成功地挑戰對大專院校老師們的教學，而是幼珍老師在課程中安排我們做《發現我的天才》一書中的天賦測驗，這個測驗翻轉了我對自己的認識，從此後，我也覺察自己在教學與待人接物上確實一步步走在天賦的道路上。

《發現我的天才》提到人有三十四種天賦，排序最前面五項正是我們的前五大天賦，如果能最大限度地發揮天賦，有助於個人的發展。我最想要擁有的是，「成就」、「統籌」、「排難」、「思維」、「戰略」，還沒看詳細說明，光看這些關鍵詞，就感覺遇到的所有問題都能夠迎刃而解，能把身邊的人事物都照顧得好好的，我一定要擁有這些天賦。

填完問卷後，我想要的天賦一個都沒有，我的前五項天賦是「包容」、「伯樂」、「個別」、「積極」、「蒐集」。前四項與關係建立有關，「包容」是我能夠接納各式各樣的人；「伯樂」顧名思義每個人在我面前都是千里馬；「個別」指的是我重視個體的差異；「積極」的特質是態度樂觀正向有感染力；「蒐集」是會蒐集有形的東西甚至是人際關係。這些天賦在我看來都不怎麼厲害，名稱也很普通，做完測驗的當下，我很沮喪，我的天賦都不是我想要的。

解讀測驗結果時，老師跟我們分享她的前五項天賦，她有三項天賦是我好想要的，我更加崇拜老師，她就是我心目中的神人。我難掩失落的跟老師說，「老師，我的都是沒用的天賦。」老師的一句話打在我心上，也讓我日後在看待任何人時，也會用這樣的標準為他找到正向的評價，那句話是「你有的，我都沒有。」「妳的學生願意叫妳仙女，就是因為妳看到每個學生的特質，妳善用妳的天賦幫助學生。」

我從來沒認真思考過學生為什麼願意叫我「仙女」，倒是很多人一開始不容易叫得出口，而我的學生叫得順口又自然。我總以為那是因為我夠真心，我不會討厭學生，就算當眾指責我的，我會覺得他是幫我找出我需要改進之處；不交作業的，我認為他是給我機會跟他多聊兩句，建立感情後，作業繳交的頻率就提高了。

不只是學生，我認為每個人都有優點，都有可取之處，被老師一提醒，我才意識到原來我早就走在我的天賦道路上。我能獲得許多獎項的加持，也是學生成就了我。

✰善用天賦，與人為善

我在演講時，常被問到「為什麼面對孩子的先天障礙還能這麼樂觀」，那是因為我有「積極」的天賦，支撐著我，每當在絕望的關頭，在眼淚流下的時刻，我會思考，我還能做什麼，盡最後一分努力。而我也用這樣的天賦，講了數百場的激勵講座，鼓勵人們跳脫生命中的困境。

從公立學校辭職後，第二次到Line上課，Line禮物總監鄭婉婷問我，「仙女，妳覺得我們團隊哪裡還可以更好，妳不要只跟我說他們都很好。」婉婷確實把團隊帶得很有向心力，我一一向她說明我的觀察，哪個同仁的什麼表現讓我很欣賞，哪位同仁具備鮮明的什麼特質，彼此間可以互補，我很難講出誰誰誰不夠好這樣的話。最後，我跟婉婷說的是，「如果可以有像黑板一樣大的白板的話，我在課程的整理會更流暢。」因為當天準備的是五個加起來像黑板般大的白板，我想婉婷懂我，我能做的是看到每個人的優點，把人放在對的位置上，成人學習尤其需要如此。

我到欣興電子「內部講師成長營」更是強烈感受到天賦帶給我的能量。那天是教師節活動，為內部講師充電四小時，教室後面坐著七、八位人資。在學校時，我很不喜歡教師節逢週六或日，因為學生沒法親口跟我說教師節快樂，當然學生也省卻了寫教師卡或者起立敬禮說教師節快樂的麻煩。

上課前，我問坐在最前面的宗翰，「教師節，想上課還是放假？」宗翰超誠懇，說出「上課」。英雄所見略同，他的眼神有光，難能可貴的是這一班全是英雄。熱愛教學的講師，同樣熱愛學習。當天的課程我覺得我是被他們充飽電，不管我設計什麼樣的互動，他們都能接招，甚至創意發想時還出現熱氣球和晴天娃娃，讓人眼睛為之一亮，笑聲充斥在教室的每個角落。訓練發展組特別訂做專屬的棒棒糖，我根本捨不得吃，特別帶回家給平平安安看。

下課時正值交通尖峰，舒茵經理和伊珊擔心我叫不到計程車，在大門口，連同警衛共六人陪我站在路邊，空車一來，大家好替我開心。我跟司機大哥說，「他們對我超好。」司機大哥說，「那是因為他們覺得妳也很好。」這就是正能量的循環。」大哥的開示好有道理。我順利搭上火車。而當天幫我執課的芷瑄比我晚叫到計程車，塞了一個半小時才到高鐵站。一堂好課程需要好多人的努力，不管學校還是內訓。當芷瑄跟我說，欣興電子邀請我隔年為內部講師上三天的講師訓，續課實在是超棒的肯定。

✰看到他人的強項而非弱點

二〇二四年，Celine幫我做了蓋洛普的天賦測驗，這次做出來的前五項天賦，「個別」、「伯樂」、「積極」、「學習」、「完美」，前三項依舊是與人有關的天賦，但增加了「學習」與「完美」。前者說明我有強烈精進自我的行動力，回想從二〇一五年教學遇到瓶頸，至今投資學習的費用足以買一輛進口名車了。後者是以個人優勢達到自我和團體的成功，屬於影響力範疇。這些年的累積不知不覺讓影響力成為我的天賦，我更有種「對了，我走對路」的豁然開朗。

天賦是什麼呢？「我有的，你沒有。」我喜歡人，放大優點，縮小缺點，幫助人們認同自我價值，帶領團隊共同成長，我是傳遞溫度的仙女老師。

仙·女·老·師·的·砥·礪

提供你五個了解自己是否走在天賦道路上的方法：

一、感受你正享受著身處其中的滿足。

二、覺得時間怎麼一下子過得這麼快。

三、自我加壓嚴以律己超越同輩中人。

四、不需要點火就能有熱能的自燃人。

五、深耕細挖讓經驗得以傳承與延續。

仙女老師的底氣

走在天賦道路上，
它是你的北極星。

24

底氣是生命影響了生命

有沒有影響你很深的人？
他做了哪些事震撼著你？
你產生哪些持續的改變？

我有個心願，如果可以的話，我想當面跟杜元坤院長道謝。

由衷的感恩

二〇二四年三月中，安安應佘淑真邀請到高雄凱基人壽尚誠通訊處演講。午餐時，淑真分享她先生田爸第一次去看杜院長門診的經過，田爸受傷後，看了好多醫生，院長是唯一一位用手觸診田爸的腳的醫師。田爸跟安安說，「叔叔現在開刀以後，復原得很好，你可以試試看給院長開刀。」田爸一再鼓勵安安，跟安安說開刀沒有她想像得恐怖。

平平安安小時候因為張力過強，政府補助注射肉毒桿菌，約莫三、四次，成效不彰。在醫生建議下，六、七歲時雙腳開刀，效果沒有很好。長大後，張力依舊是很大的問題，醫生多次建議開刀，因為之前的效果不好，我們很猶豫。安安也會吵著不要開刀，也就一直拖著。直到淑真和田爸的親身經驗，讓我跟先生又燃起希望，或許能讓安安再開刀一次。我們也跟安安保證，先看醫生，並不會這麼快動手術，要動手術也會經過她的同意，也才有了四月中第一次門診。

我們搭六點三十分的高鐵前往高雄，搭計程車到義大，還不到九點。幫安安掛院長門診，想評估安安的腳適不適合開刀？進診間，就跟淑真講的一樣，院長讓安安脫下襪子觸診，沒有覺得骯髒的表情。跟安安解釋她的X光片，看著安安說話，說得慢，讓安安聽得清楚。院長問安安是不是左腳走起來比較吃力？開刀之後，左腳的功能能夠與右腳相當，要我們評估看看。我心裡還有個想法，我想向院長道謝，會不會耽誤院長後面看診的進度？會不會讓院長覺得困擾？我反反覆覆想著，不知道該不該開口。

等安安跟爸爸開門要離開診間時，我跟院長說，「我是余懷瑾」，摘下口罩。院長說他知道我，要我坐下，我的眼淚不停流下來。

院長說，「妳幫助很多人。」

他有很多朋友聽過我演講或者跟他說我的事，院長說他很感謝我，我是想向院長當面致謝，哪裡知道他說謝謝的次數與我不相上下。他說我去義大演講後，他也感覺到有些人的改變。我們由坐到站，院長真的記得二〇一七年的事，他轉而向診間醫護們介紹我。他說我去義大全院演講，我在分組的時候，請在場所有人站起來。（院長還記得分組，哈哈哈）

院長說，「大家都知道我站起來只有兩個原因，第一站起來罵人，第二我覺得這個老師講得有道理。我就到旁邊跟副院長一組。」（還好我當年沒被罵啊～～～）院長說，我不只是只能對小學、國中、高中老師演講，還應該對……（意思大概就是各行各業都可以），還說我鼓勵了很多人。這次見面我又被院長鼓勵好多好多，我就一直哭，一直說謝謝。然後，請院長跟我合照（我眼睛哭得超腫）。

院長說「我們是好朋友」，他要我坐下來，他說安安開刀後，走路會比較舒服，要我放心，他會親自動刀。在院長身邊的個管師慧嫻問我，「妳怎麼沒有先說，妳跟院長是好朋友？」我也是剛才聽到院長說，才知道我跟院長是好朋友啊！

杜院長的風範

七年了。這七年，我常跟很多人說是杜院長教會我，領導者該有的格局與高度。當演講或上課遇到瓶頸的時候，我總會想起他現身說法，教會我用生命影響生命，為我樹立典範。

義大醫院場是我第一次對學校以外的人演講，如果當年不是文惠讓我成功地挑戰自己，應該也沒有後來這些轉變，我很喜歡現在的自己，也喜歡自己現在做的事，我對文惠有很多的感謝。

走出診間，就看到文惠來了，她特地來診間找我們，還帶她遠赴密克羅尼西亞義診買回來的像手掌大的超大金莎送給安安。文惠下午要到大昌院區看診，即使短暫相聚，還是把握時間與我們共進午餐。爸爸開始向安安介紹當年文惠阿姨邀請我到義大醫院演講，還帶我們去義大樂園，陪平平玩遊樂設施。

回程在高鐵站，安安跟我說，「媽媽，以前是我太小，聽不懂，今天醫生講的我都聽得懂。」專業人士就是有辦法中翻中，院長讓安安覺得她變聰明了。更難得的是回到家安安說服平平一起開刀，姊妹倆決定再給自己一次機會。

七月十三日，院長為平平安安開刀，很親切安撫他們，醫療團隊溫暖貼心。術後當天，下床坐輪椅去廁所，隔天可以自行走到廁所。院長巡房時，送了他的著作《世上最快樂的工作》和《幸運雜誌》第153期給平平安安。院長看著她們說，復原得很好，膝蓋可以伸直。過去以為做不到的動作，現在可以嘗試了。

平平安安的感謝

術後一個月回診，院長團隊都認識平平安安了，安安看到慧嫻就抱緊不放，就像老朋友一樣。院長跟兩個孩子解釋X光片，比開刀前好太多了，又跟安安解釋AI開刀的過程，也用安安聽得懂的話說給她聽，順便說給我聽。

院長給安安看他養的狗狗，邀請她去家裡聽他拉小提琴，泡咖啡給安安喝，想到安安可能不喝咖啡，就改說要泡茶給安安喝。再度提到要讓安安到醫院演講的事。安安說，「院長希望我能幫他實現他的願望，要我去義大醫院演講。」我們全家都笑了。安安把電繪送給院長，說是她自己畫的，畫了好久，不是AI生成的，院長笑笑的說會擺在辦公室。

平平將感謝信給院長，院長問她為什麼選擇鹿的信封？他對平平講起了福祿壽，鹿即「祿」。

平平興奮的跟院長分享，從沒想過腳可以伸直，走起路來很輕鬆，尤其下樓梯，感覺動作前所未有的踏實。院長問她可以將信打開來嗎？平平害羞地搖搖手。我小時候也是這樣，果然是我女兒，就算是大方感謝，也是需要多次練習的。感謝信最末句寫的是，「我會在未來走的每一步都感謝您的付出。」這也是我們全家的心聲。

平平安安二十年沒使用的肌肉重新喚起，復健之路感謝院長和醫療團隊相伴。

仙·女·老·師·的·砥·礪

生命如何影響生命，提供你五個參考的指標：

一、找到你心目中的典範。

二、觀察他如何待人接物。

三、覺察引起你共鳴之處。

四、找機會當面說出感謝。

五、你如何再影響更多人。

仙女老師的底氣

生命影響了生命。

改變就是一輩子。

安安日記

二〇二四年四月二十二日星期一

高雄義大醫院看杜元坤院長

四月十九日星期五早上，我跟爸爸媽媽一起搭高鐵到高雄的義大醫院。這次到義大，媽媽是希望給杜元坤院長看看能不能治療我的腳。那天早上出門時，忘了帶我的背包，但我們回程的車票放在裡面，爸爸又多花了好多錢購買回程車票。

大概十點多我們見到杜元坤院長，院長說我右腳功能不錯，可以不用開刀，左腳小腿可以用肌腱重建手術，讓左腳功能可以跟右腳一樣，我覺得杜院長是一位很慈祥的醫生，講話的時候都笑笑的，讓我覺得比較沒有那麼緊張。媽媽跟杜院長說讓我們再考慮一下，她再跟慧嫻阿姨約時間。

我常常跟媽媽去演講，會聽到媽媽提到院長。媽媽習慣每場演講要分組，在義大上課也是一樣，講座結束後，院長說在義大醫院只有四種情況會站起來，第一種是散會，第二種是醫院評鑑，第三種是長官來了，第四種是仙女老師叫我們站起來。聽到後來，我都記起來了，因為有了這個故事，讓我在還沒去看診以前先認識院長。

中午我們跟義大醫院的文惠阿姨一起吃飯。她送我一顆超大的密克羅尼西亞的金莎巧克力。在聊天的時候發現她跟爸爸居然是東園國小的校友，好巧啊！

回到台北後，我思考好久，在想要不要開刀？院長說第一天開刀，第二天能下來走走，第三天可以出院回家，感覺好像不會很痛，所以我想試試看。而且聽到田爸和葛瑞絲阿姨的說明，田爸說院長開刀技術很好，開刀結束後，腳就會比較有力氣，走得比現在更好，聽到這裡我想去開刀，聽完他們的說法，我對開刀有信心，開完刀後，一定會比現在更好。

我從來沒有想過要開刀，所以我覺得開刀對我來說是個重大的決定，我希望手術會成功，也勸平平跟我一起來試看看。

七月十二日爸爸帶著我跟平平到跟義大醫院，媽媽因為有課，所以晚上才到義大醫院。第二天，開刀時我很緊張，所以院長特別允許媽媽到麻醉的地方陪我。

開完刀後，我覺得左腳的膝蓋變直了，腳底板也變平了，但傷口很痛，還是只能坐輪椅。晚上葛瑞絲阿姨全家來看我們，帶了好吃的便當和特大杯的珍奶，我跟田爸也約好要互相督促復健。

第三天，我覺得傷口比較不痛了，所以可以下床走路。一大早外婆特地來醫院看我們。下午芳伶阿姨遠從馬祖來看我們，還帶來好吃的蛋捲。雅芳阿姨也特別到醫院教我們復健。同時，Emily阿姨也要到醫院開刀，她帶來好吃的松村滷味跟大家分享。

第四天，院長早上還特地到醫院看我們，也送我們他出的書，書名是《世上最快樂的工作》，還說要邀請我到義大醫院演講。另外他還說他看到我們拍的短影音，並交代我們要多多復健，下午，物理治療師教了我們很多復健動作，我一定會努力做，不要輸給田爸。

我們明天要出院了，謝謝所有關心我和平平的人。回到台北後，我一定會好好的復健，才不會辜負大家的關心。

二〇二四年九月十三日星期五

義大醫院手術後第二次回診

九月十三日星期五早上，爸爸媽媽帶我和平平搭高鐵去高雄的義大醫院回診，我有先跟公司請假。

看診前，我跟院長說我有工作了，遞上了一張公司名片，院長說這個公司很好。說要把名片放在他的辦公桌上。

院長跟我分享愛迪生的故事，有很多失敗的人，不知道他們離成功有多近，說我的進步可以從八十五分到九十分，提醒我要持續復健，讓左腳的力氣可以跟右腳一樣好，我也跟院長說我可以放手的事了。院長說有機會邀請我們去聽他在北部的演講。

慧嫻阿姨說安安好棒，有工作了耶！我說對啊！

看診結束，阿姨帶我出去發名片，我發給其他護理師，他們說我好棒，有自己的名片，他們都沒有名片。

我發出八張名片，我覺得很開心也很有成就感，期待下次再去發名片。

給杜元坤院長的感謝信

院長好：

二〇一七年，我到義大醫院演講，院長您起立分組，我不知道那是您第一次站著聽演講，如果知道的話，打死我，我也不會輕舉妄動，真的。

您在演講結束後，說了段話，對我有著極大的鼓勵與影響。您說在醫院只有四種情況下大家會站起來，散會、評鑑、大頭來了，第四種是仙女老師叫我們站起來。您還說以前晨會會滑手機，那次完全沒滑手機。身為小小高中老師的我，居然能讓高高在上的院長配合教學活動。我興奮到離開會場，趕緊打開筆電，把您說的話全打在檔案中。

這是我第一場講校園以外的演講，對象不是對學校老師，也不是對學生，如果講不好，這輩子陰影面積會很大，謝謝您讓我感受到前所未有的震撼，身為領導者的風範，讓我相信我也能成為一道光，我想成為像您一樣的人。

於是，我上網google，不查還好，一查真的有嚇到，嚇到吃手手。您享譽國際，捐款上億，救人無數，高明的醫術能讓癱瘓的人站起來，不只是媒體報導中的仁心仁術，更是我眼見為憑的典範，謝謝您讓我感受到言行一致的可貴。

早期，我在校園演講中看到老師們意興闌珊的坐在後方，我會猶豫要不要分組？該不該讓他們往前坐？目的只是想讓教學效果更好，打造更多有溫度的課堂。

認識您後，我分享您起立的故事，邀請老師們往前坐。因為您，老師們願意往前，大家說我演講講得好，說實在的，院長您的功勞最大。總有很多人跟我說，他們認識您，甚至是您的球友，尤其澎湖迴響最熱烈，一看到您的照片，七嘴八舌補充院長的善行，讓我開場省了好多力氣，互動超好，當然也說我演講講得很好，呵呵。

傷腦筋的是，我去企業演講時，學員也是坐在後排，前面兩排空蕩蕩的。（我們的教育怎麼讓大家這麼害怕往前坐呢？）我問HR，可以請大家往前坐嗎？HR說，「可以啊！老師您說比較有用，我不敢說，我說也沒有人聽。」我再度說起了您的故事，用故事喚起大家的行動，屢試不爽。

有一回，我到TFC生殖中心上課，引用了您的例子，曾啟瑞執行長跟我說，「杜元坤是我好朋友」，那時候我又安心了，執行長如您一般親切地誇讚我，名醫當真是把人放在心上的，你們一定是很好的朋友喔。

好多人問我怎麼有勇氣要求學員們往前坐？

不需要跟梁靜茹要勇氣，七年前，院長您已經給我莫大的勇氣了。謝謝您。

今年，我帶安安看您的門診，想「順便」跟您當面道謝。

看診前，我反覆練習該怎麼向您自我介紹，也怕耽誤您看診時間。安安看診時，我好幾度想跟您相認，心裡一大堆小劇場，擔心這對您來說是無關緊要的話題，或者以為我要攀關係，我一人分飾好幾角，實在很累。

在先生跟安安打開診間門要離開時，我終於鼓起勇氣跟您說，「我是余懷瑾」，您竟然記得我，要我坐下，說會親自為安安開刀，要我安心。您還記得當年演講中起立的事，我何其有幸讓您用這樣的方式記得我（汗），我當下感動到一直哭，眼淚流到停不下來，還得用衛生紙擤鼻涕，我終於體會到孔明在〈出師表〉中「臨表涕泣，不知所云」的心情。

慧嫻問我怎麼沒有先跟她說，「我是院長的好朋友。」

我說，我也是相認時，院長跟我說，我才知道的。

當您在平平安安面前，說著我幫助了許多人的話語中，我又再一次得到鼓舞。我當年因著您的鼓勵，了解領導者該有的格局與高度，當我遇到諸多困頓時，無論是從公立學校辭職，抑或是身心障礙升大學考試，我總會問自己，我想要成為什麼樣的人？而我的孩子們能親耳聽到您的讚賞，我相信她們也願意在他人需要協助時伸出援手。生命影響生命是很迷人的。

上星期六您為平平安安開刀後，當面跟我說手術很成功，要我安心，我們很幸運遇到了您，孩子們很幸福，得到醫療團隊很好的照顧。星期天您到澎湖義診，星期一一早又來巡房看孩子們，讓她們感覺充滿希望。您鼓勵她們多活動，這比爸爸媽媽要她們復健還有用，「醫者父母心」應該就是幫父母連這一層都設想到了吧。

我最佩服您跟安安聊天的樣子，您把她當成一般的孩子，講著她聽得懂的話，用最平易的語言，她第一次看完門診就跟我說，「媽媽，以前是我太小，聽不懂，今天醫生講的，我都聽得懂。」

送平平安安您的簽名書和雜誌，微笑的回應孩子們的問題。您跟安安說，「妳媽媽來醫院演講是院長爺爺第一次站著聽演講」，平平在一旁睜大了眼睛看我，我我我……一切盡在不言中。

您邀請安安到醫院演講，要拉小提琴給她聽，泡茶給她喝，打開手機給安安看優格的照片，我在臉書上分享您給我們的溫暖。如果我們的社會能對弱勢多一點點溫柔，這社會將會更美好，這也就是我每次都會用手機拍下這些難得的畫面，很開心我能夠記錄下這份感動，而您也願意。

對您有很多的感謝，我媽和我婆婆也很感謝您，照顧她們的寶貝孫女，謝謝您對我們的好，我們也會持續努力。

祝福的話該寫什麼呢？

祝您健健康康做著世上最快樂的工作。

余懷瑾

二〇二四年七月十九日

25

底氣是台灣超人到我家

你有沒有許五十個新年新希望？
有沒有寫下願望張貼在書桌前？
哪一個像天方夜譚會被人訕笑？

二〇二二年初，我許了十六個願望，其中一個是拍電影。也不知道哪來的奇思妙想，寫的時候就覺得很不真實，像癡人說夢，但我還是寫下來了。

✩願望成真，我的故事

二〇二三年底，美力台灣3D協會的理事長趙文豪跟我聯繫，要以我的故事拍攝電影，我很好奇這會是什麼樣的一部電影，受眾竟然是小學生，我想都沒想過我會跟小學生有交集。拍攝前，文豪、Karen約在我家附近的咖啡廳，他們想了解我更多。那天我的話確實很多，我很在意安安求學階段受到校方不合理的對待，教育部升大學考試的荒謬處理，滔滔不絕地說著身心障礙孩子被忽視，他們很有耐性地聽著。當時的我不了解紀錄片如何拍攝，覺得跟一般的訪談沒什麼不同，直到拍攝當天，看到大隊人馬和好幾台攝影機才發現女主角真的是我。

美力台灣是曲全立導演創辦，他在二〇一三年以《3D台灣》紀錄片與《少年Pi的奇幻漂流》劇情片同獲I3DS國際大獎。二〇一四年，打造亞洲首部3D行動電影院，電影車上山下海，只為了用影像為偏鄉孩子打開視野，跑了三百多個鄉鎮，為教育投入甚多。二〇二一年，他開始拍攝一系列〈台灣超人〉影片，透過生命故事，從不同角度鼓勵孩子們。「台灣超人」指的是超越自己的人，曲導團隊為我披上披風。

拍攝前規劃比我想像得繁瑣。Karen要取景，問我有沒有固定的辦公室？沒有。可以拍家裡嗎？家裡小又亂，不好意思入鏡，我一口回絕。問我最常做什麼事呢？簡報和帶安安衝步數，還有其他的嗎？被這麼一問，我實在是想不出出人意表的答案。我們的生活模式很固定，固定到我覺得很抱歉，沒能提供有亮點的場景。

拍攝實景，體現工作堅持

二〇二二年，TVBS〈一步一腳印〉採訪我，拍攝我和婆家。這次我想讓媽媽參與，娘家屋子大又乾淨，媽媽又好客，很快答應了。Karen希望我能把過去在教育圈的獎盃帶過去，獎盃拿出來時，得先把厚厚一層灰擦去。還帶了安安的平板、筆電、廚師服、輔具刀，重現每週六回外婆家的場景。

三一九當天，八點，拍攝團隊一行十人，陣仗好大。攝影師說一拍就會忘了休息，如果我們累的話，要講一下。先拍我跟安安的畫面，我陪她電繪、寫部落格。也讓她站在客廳對著大家自我介紹，每次安安演講前，回到外婆家，就會讓她站在客廳把簡報練習給全家人聽。再讓安安下廚，從我幫安安穿廚師服開始拍，洗菜、切菜、炒菜到盛盤。以往拍「安安開飯」，都是我又教又拍，這次是專業團隊為我們記錄。

訪談則是先生先講，我聽到他對我教安安的讚美，聽到他疼惜安安的學習；我媽講到安安幼時跌倒，我不許其他人扶她，要她自己站起來，講到很辛苦的過往，我媽哽咽了。拍攝他們時，我在旁邊側拍，我刻意的拍先生和我媽的背影，我想把鏡頭後方的全家福拍進去，我爸也在裡面，平平安安那時候才幼稚園。中間有幾次麥克風有狀況，大家也很有耐性的為我們更換膠帶，不厭其煩，可見對影片的要求與堅持。

我帶部分的獎盃回家，獎盃上的字拍起來並不清楚。團隊求好心切，角度喬好久，用各種方法，最後用黑絨布吸光，導演說他們是拍產品起家的，這對他們來說都是可以解決的。

我媽準備的水果沒有人有時間吃，趁著上洗手間的空檔，她請團隊吃水果，笑著說不吃就拒拍，才有人把水果拿起來吃。他們還自備一箱水，也幫我們訂午餐，就連廚餘也是Karen打理的。

貼心的團隊

午餐後，導演與另外五位成員到了。

還沒吃午餐的導演，先跟安安聊天，他坐在安安斜對面，攝影師蹲在一旁攝影，良久。導演還跟安安分享他術後會流口水，顏面神經受損帶來的後遺症。

兩位劇照師在廚房站著吃便當，我請他們到飯廳坐著吃，他們說這會影響拍攝時的燈光，還是在廚房站著吃就好。

訪談我前，導演說我想講什麼都可以，可以講的，不可以講的都行。我在拍攝前，沒有特別想過一定要講什麼，想著導演問什麼，我就講什麼，順著回應就好。導演希望我換個位置跟他說話，提及他的聽力一邊全聾，另一邊只剩30％，剛才是靠讀唇了解我說的話，我想起在報導上看到三十五歲罹患腦瘤的他，醫生說只剩幾個月的壽命，活下來後，矢志以影像傳遞生命的意義。

我就定位後，導演突然要把我後方的畫換換成全家福，也就是拍著我的正面，背景正是全家福，我爸可以跟我一起入鏡，我爸對我所有的支持都在這畫面中，這正是我想要的啊！感謝曲導的細膩。

訪談到一半，麥克風需要重新貼膠布。導演閒聊他拍過普拿疼廣告，這才讓我想起，對對對，我看過這個人，這個人頭痛了好幾年。我也是仰賴普拿疼的人，對這廣告印象太深刻了。

✩向前看，不再內耗

訪談從導演說我是個理性的人發端，事實上，我的理性很少，感性多很多。他問我，人生無從預演，我怎麼能冷靜的面對孩子出生帶來的無助？我的預演來自於老師的身分，面對每一個不同的個體的尊重與善待，直到我的孩子出生，我好像也練習成千上萬次了，衝擊稍稍緩和，但還是很巨大。好幾次要我撇開老師的身分，用媽媽的角度來談。媽媽是個很不容易的角色，面對幼小生命，我很無助。

平平安安出生，我很少哭，我知道我將要陪伴她們好久，久到可能是她們四、五十歲，我要把身體照顧好，才有能力照顧她們，當時的我能做的就是不要花時間哭，不要內耗，要往前走。我停頓將近一分鐘，擅長演講的我，在說話的時候會收斂自己的情緒，當我發現情緒來的時候，會緩慢的說話，會深呼吸，會停頓。然而，我哭了，沒有人打斷我，讓眼淚靜靜的流下，不需要遞衛生紙，給我獨處的時刻，現場好安靜，謝謝大家的溫柔。

拍攝結束前，導演問我有什麼沒有講到的？我想講的都講了，這次我沒有抗議體制的不公，我沒有提到惡意的對待，我沒有張牙舞爪，我不用大聲倡議，那些我以為重要的，都沒提到。我不只提過去，也說現在。開心的分享今年的挑戰，教一班八~十人的特教孩子表達能力。如果「超人」是超越自己，我現在做的是這樣的事，感謝家長們的信任。

☆感謝信任

劇照師迅速的從我對面移到我右側，蹲在我旁邊，鏡頭對著我，是個小帥哥，像我學生一樣年紀的。訪談結束，兩位劇照師溜到我的身邊，「老師，我們也有身心障礙手冊。」

「怎麼可能，你們看起來狀態這麼好。」

「我是亞斯。」

「我一出生就少了○○。」

人們不會莫名其妙的去跟別人說，隱性的、看不到的狀態，基於互信才有可能，我是如此被信任著。

他是陳浡濬，二十五歲，專業攝影師，自己開公司，世界各地跑，行李箱上貼著航空公司的貼紙，滿滿都是，比我出國的次數多太多了。十四歲的他的校園生活，讓人不捨。他的臉書上，因之前幾起特殊生衝突事件，自我揭露身為亞斯的不被理解，我好佩服他寫下來，也願意與我分享。

導演特別送給安安《台灣超人》繪本，教她如何閱讀和下載App。八小時的拍攝，最終剪輯成十二分鐘的精華影片。感謝導演對教育的重視，也感謝團隊的用心，我才發現眼前的大家都披著一件隱形披風，感謝台灣超人帶給我們滿滿的感動與正能量。

仙·女·老·師·的·砥·礪

提供你五個超越自我，披上超人披風的方法：

一、一定要寫下心中的渴望。

二、想著永遠有人比你辛苦。

三、苦難堆疊出生命的厚度。

四、努力夠久才能剪出精華。

五、精華往往也只有幾分鐘。

仙女老師的底氣

我們是最佳主角。

活出自己的精彩。

26 底氣是愈努力愈幸運

你是不是持續不斷的學習者？
你如何讓自己的價值被看見？
你看過愈努力愈幸運的實例？

二〇二四年七月，我正在銀行開戶，接到Joanna（彭淑惠）電話。Joanna是費森尤斯卡比人資處長，她問我安安想不想要上班？當然想啊！求之不得。她問我，安安能做什麼？這可考倒我了，安安能說話、可打字、會電繪，我不想因為求職，而把她說得太好，她跟一般人始終有段距離。Joanna說公司有個職缺，問安安願不願意去面試？還提到公司享有勞健保，一切按制度來，並不會因為安安身心障礙的身分而差別對待。她的每一句話，讓我的眼淚不聽使喚地流下來。天底下怎麼有這麼好的事！安安出運了！

安安的面試

奶奶、阿嬤、姑姑、姑丈、叔叔、表哥、小姨全替安安開心，也問她要準備哪些資料去面試？我讓安安用Canva做了一頁簡歷，每天勻出專屬的時間反覆背誦三分鐘自我介紹。忙碌的時候，就在車程中或睡前背上十來遍，我們都背熟了，她還是會忘詞。

七月二十五日面試那天，凱米颱風來了，我們好擔心工作機會就這樣消失了，該不會就是場夢吧！所幸面試延到七月三十日。Joanna幫我們留了停車位，總經理James（邱建智）在B4停車場等候我們，陪同我們上五樓，慎重的對待，讓我們受寵若驚。一出電梯，安安在門口看板上看到樂天棒球隊隊名，James、Joanna、Carolyn（黃楚珺）不約而同提到這是「費叔叔」參與過的其中一件公益活動。進了會議室，遞名片後，我急著要安安自我介紹，要證明安安有工作能力。大家比我更理解安安的緊張，緩一緩，先由Carolyn向我們介紹公司。

費森尤斯卡比是一家醫療保健公司，致力於改善重症和慢性病患者的生活品質。公司簡介後，跟我們分享「費叔叔」兩場動人的公益活動。第一個是在公司的用心安排下，桃園復興三光國小的原住民孩子們，能夠進到樂天棒球隊專屬的一流場地圓夢。三光國小在復興山區，屬偏鄉學校，到台北約需三小時車程，孩子們住宿居多。影片中，三十幾位同仁和小學生著棒球服比賽，竟還有樂天女孩跳應援舞，天啊！還有熱血主播徐展元實況報導，其他同仁則組成啦啦隊在一旁加油打氣，好感動一群大人們為孩子們如此的努力。

另一個活動是與南投縣生活重建協會合作，關懷獨居老人，為他們送餐。有一位九十二歲的奶奶，獨居，腳截肢，希望有人能跟她一起用餐，像圍爐一般。同仁們翻越重山峻嶺，提著大包小包物資，到她家做菜，張開餐桌布，在餐桌上擺滿了菜，奶奶臉上的笑容盡是滿足。奶奶在有生之年圓夢，無憾。好感動有一群人滿足老人內在的渴望。關懷生命的企業文化，無比珍貴。

安安則是秀出她用Canva做的簡歷，自我介紹記得的不多，主管們跟安安一問一答，在她思考時，等候她，不催促，我在面試時看到了事在人為。公司可在家上班兩天，所有同仁都如此，並非只有安安。James說他有個極要好的大學同學，行動不便，能做的事就自己做，旁人在他需要協助時再出手就好。前陣子同學會，他開著車來，自行上下車，同學們把他當一般人，公司也會把安安當一般人，這很契合我的想法。把身心障礙者當成一般人，給予配套，讓他做他能做的，我們成為支持者，「一般人」這個詞也是我常說的，我不會用「正常人」，到底有誰是正常的呢！

帶著我們參觀辦公室環境，詢問我們配置是否符合安安的需求。離開時，James指著櫃檯上的旗幟，跟安安說公司是德商，所以這是德國國旗，James認為安安有學習能力，花時間教她，我無比感動。我們在門口拍了張大合照，笑容寫在臉上。

✰人間有奇蹟

我忘了跟先生在面試時到底說了多少次謝謝，身心障礙者求職難如登天，時有所聞。James誠懇地跟我們說，「謝謝你們來，謝謝安安願意來」，不只他，Joanna和Carolyn也讓我們感受到被接納與尊重，我的眼淚好幾度奪眶而出。James堅持送我們到B4停車場，他問我安安可以學英文嗎？我回他，「可以，學得慢，慢慢學。」當晚，我問安安，「德國國旗什麼顏色？」她還記得黑、紅、金，這又帶給我很大的驚喜。

Joanna打電話給我那天，我正在銀行開戶。邊講電話，邊哭，哭到躲在一邊找衛生紙，行員以為我被詐騙，問我怎麼了？被愛也會感動到哭到停不下來。謝謝費叔叔愛相挺，為安安開出一條路，原來人間真的有奇蹟。

從小，我就跟平平安安說，「妳們跟別人沒什麼不一樣，只是走路慢一點，學東西慢一點，其他都一樣。媽媽笨笨的，很多事情都不會，只會演講和教學，這兩項就是媽媽的天賦。媽媽也希望幫妳們找到天賦，做喜歡的事。」安安何其有幸遇到跟我們教育理念相同的領導者和同事們，因著她的能力，職務再設計，讓我們陪著安安，彈性上班時間，讓安安在工作上找到成就感，展現個人價值。

職場典範

八月二十六日，安安第一天上班，爸爸陪同。識別證上已有了她的照片，桌上還有兩盒名片，職稱是「專員」。Carolyn看到我臉書上帶著安安上陳世斌老師的「生成式AI繪圖課」，覺得安安的作品很有特色，賦予她的第一個專案是用AI生成中秋節的圖，安安樂此不疲，Carolyn讓安安整理出五張她滿意的作品，放在公司群組裡讓同仁投票，票數最高的會加上公司的標誌和安安簽名，寄給客戶。

上班後的安安，有同事、薪水、識別證、雙螢幕、專屬的辦公桌，她有機會參與社會，符合ESG永續發展的精神。同仁們有機會理解與尊重身心障礙工作者，體現多元職場價值，創造DEI共融職場環境，這不就是CSR（企業社會責任）嗎？安安的一小步是社會進步的一大步，謝謝費森尤斯卡比讓我們看到了職場的追求。

仙·女·老·師·的·砥·礪

我以為我長期在臉書發文，讓大家了解身心障礙者的需求與努力，從沒想過因此幫安安找到工作，提供你五個愈努力愈幸運的方法：

一、找到能做而且做得好的事。

二、持續輸出不斷優化與成長。

三、經驗的分享最終幫助自己。

四、認同普世價值終成同路人。

五、相信時間為我們掏出金沙。

仙女老師的底氣

幸福來自於肯努力。

幸運來自於被看見。

安安日記

二〇二四年八月二十六日星期一

費森尤斯卡比上班第一天

八月二十六日是我第一天上班，早上起來以後，精神很好，很快地吃完早餐，爸爸就帶我出門。到了公司附近，順利地找到停車位，真是個好的開始。

進到電梯門口，就碰到James幫我們感應電梯門禁，運氣實在是太好了。到了公司後，Carolyn就跟我討論工作內容。我的工作最主要有兩件事：第一，要用AI生成賀卡，祝大家節日快樂。第二，在五個月內辦一場全公司的線上演講，內容自己決定。

另外，我還領到我的識別證和名片。

今天我在公司，最主要是用AI生成了中秋節的圖，但我都覺得不算太好，因為還不會把什麼節快樂的文字放到圖片上，我要趕快學會，才能把工作做好。

我覺得我今天工作情況還算不錯，工作內容也不算太難，雖然對今天生圖的結果不算太滿意，但我相信以後會越來越順利。

不過爸爸陪了我一天，希望有一天我可以自己一個人工作。

二〇二四年八月二十七日星期二

費森尤斯卡比上班第二天

早上，Joanna來問我，昨天生的圖怎麼樣？我跟她說，這是我昨天生的圖，她說她覺得很可愛，所以，今天就發在她的臉書上了。

Carolyn今天跟我開會說了兩件事，第一件事是決定生圖是醫師節、中秋節、國慶日、聖誕節。

第二件事，我先畫出喜歡的圖，再請大家投票決定喜歡哪一個風格，接下來就會持續用這個風格做圖。

二〇二四年八月二十九日星期四

費森尤斯卡比上班第四天

我前兩天情緒不太穩定，Joanna和Carolyn都會關心我，陪我講講話，讓我情緒穩定點，很謝謝她們。

Carolyn跟我討論需要AI生圖的節日，我們決定先選中秋節、國慶日和聖誕節。另外還選了醫師節，因為醫師跟我們公司比較有關係。

其實我也想選教師節，因為我想祝教過我的老師教師節快樂。

今天早上我生成很多中秋節的圖，有可愛風格和古典風格，我選了六張傳給Carolyn，在下午用Canva加上中秋快樂，再從裡面挑選三到四張，就可以完成我到公司的第一項工作，我就會覺得自己很有價值。

二〇二四年八月三十日星期五

費森尤斯卡比上班第五天

今天是我上班的第五天，是爸爸陪我上班。公司有二天可以在家工作，但是爸爸為了讓我適應環境，所以五天都有去。

座位很大，第一天午休就睡著了。

我會跟Joanna和Carolyn打招呼，我不敢叫她們的名字，我會怕叫英文名字，因為我英文不好。我現在會拼他們的英文名字了。

我也會跟Benny和Vivian說話。

我昨天生了五張中秋節的圖，有嫦娥在吃月餅，在旁邊寫上中秋快樂，傳給Carolyn看一下。

我的主管Joanna和Carolyn會來關心我工作做得怎麼樣，說我做得很好。爸爸也會說希望我可以繼續做這份工作。

我第一個禮拜有把工作完成，得到成就感。

安安的卡比中秋祝福繪本

27 內心堅定的人是幸福的引路人

你有沒有被好好珍惜呢？
你受過的傷被撫平了嗎？
你的脆弱有被理解過嗎？

有愛的公司

我在臉書上分享安安的工作狀況：讓人們知道賚森尤斯卡比是間很棒的公司，他們晉用身心障礙者，符合法規，同仁們友善的協助安安融入職場環境，安安很幸運。我也期望其他觀望中的公司見賢思齊，錄用身心障礙員工，看到他們的優點，共創職場價值。我也會有小劇場，會不會有人覺得過於高調？或者我都沒寫到安安表現不好？先生說安安是公司員工，這是事實，我寫的不是公司機密，沒關係的。

第一週由爸爸陪安安上班，公司要安安視情況選擇半天或全天班，也可以選擇在家工作。安安回到家總會說James、Joanna、Carolyn對她很好，爸爸對公司讚不絕口。第二週剛好我有空陪安安上班，安安座位後方有個空位，James要我別客氣，就坐那。安安能做的，我讓她自己來。一進公司，從櫃子把筆電拿出來，插上螢幕線，再到茶水間裝水。爸爸則是能幫安安就幫安安。

我跟James說，「不好意思，安安還沒進入狀況。」他說，「爸爸疼女兒，不急。」我從他的表情裡感受到父愛。我跟Joanna說，「不好意思，安安還沒進入狀況。」她回我，「不要說安安要適應新環境，我們也還在適應新同事。」他們兩人不介意我在臉書上分享安安的工作。第三週趁著Carolyn跟安安開會，我問Carolyn，「我這樣陪著開會，或者我放安安一個人開會，萬一她聽不懂，會不會造成妳的困擾？」她說了好朋友和親戚都有身心障礙孩子，她能理解。還提了James和Joanna本來就是很有愛的人，我的眼淚不聽使喚地流下來，情緒久久無法平復。一次又一次，知道他們很願意教我的孩子，不會覺得我是個不認真的媽媽，藉口去洗手間，大哭一場。

信任，學習放手

那一天下午，安安回家工作，不夠專心，被我念了一頓。想到公司對她的好，我放聲大哭。身心障礙者家長的標籤不知不覺貼在心上二十年了，我看到自己扭曲的心態。幼稚園就讀被拒，小學和高中為孩子爭取權益。小到國語作業本只能寫完十格格子，經年累月寫聯絡簿拜託老師讓安安少寫一點，大到考大學的腦性麻痺考場連個平面休息室都沒有，能夠不爭就不爭，能夠不哭就不哭，不要浪費太多力氣，要把力氣儲存起來教安安。

好多時候我會先指責自己不夠努力，怪罪孩子不夠爭氣，「好像」「習慣」卑躬屈膝，不這樣子孩子就無法享有友善的對待（我不喜歡用公平，人生也沒什麼公平可言），據理力爭得到的友善，僅是制度的保障，未必是發自內心的關心。淚水會說話，說著感動，說著相信，公司相信安安，我怎麼沒有相信安安呢！我跟先生說，放手讓安安去做，公司願意等她，我們也要相信她做得到。隔天到公司，先生讓安安自己拿出筆電，下班時也讓安安收筆電，一步步放手。

平平的委屈

當週六，我們全家在外用餐。平平說她跟大學同學聚餐時，討論到導師是決定班級氛圍的關鍵，以前小時候沒覺得，現在回想益發覺得導師很重要。我跟她分享，我在TED上提到的身心障礙學生凱安，「以前凱安媽媽就說過，凱安求學階段過得最好的兩年，就是在我的班上」。

平平說她小學有一任導師不重視班級經營，教室裡書包散落一地。只有一條班規，「同學們不希望你做的事，你就不要做。」不然就把這兩句話寫一百次。同學們把她當病毒，她摸過的東西，同學不敢碰。走道很窄，又都是書包，她行動不方便，得扶著桌子才能通過，不得已，她只好扶著同學的桌子過去。有個男生說，「你不要碰我桌子」，她知道不能碰，但是地上都是書包，她過不去，又碰了第二次，男生大吼，「就叫你不要碰我桌子」，她就被老師叫去罰寫一百次。平平哭到抽搐，停不下來。

還有一次，有個女生的筆掉到地上，離她很近，她感覺那女生很想撿起筆，她也知道對方不喜歡她，基於助人，她為那女生撿起了筆。下課時，女生就在她面前，把筆丟到垃圾桶，她到現在都還記得，筆的顏色是橘色的，款式是當時流行的.38細字筆，她哭得手在發抖。再有一次，有個男生跟她說話，她問他，「不怕被討厭嗎？」男生回她，「我不知道他們討厭人的理由，你不用太在意他們。他們現在也討厭我。不過，等我們和好了，我就不會跟你說話了。」兩週後他們和好了，沒再跟平平說過話。這些都是我跟先生所不知道的事，先生問，「你怎麼都沒講？」平平說，「我們那時候又不熟。」才十一歲的孩子就要過得這麼委屈。

平平提到三、四年級的導師余老師，師丈是體育老師，班上有個調皮搗蛋的學生，老師請師丈一週找一天早自習，一對一的陪那男生打球。到了五年級，好多老師誇男生進步好多，不躁動，這就是愛的力量。她說，不想國中時再跟這些討厭她的同學同校，沒有選擇學區國中，而是選擇到爸爸任教的學校就讀，國中生活也交到知心好友，現在還有聯繫。

回到先生問平平，「你怎麼都沒講？」平平說，「我們那時候又不熟。」我們指的是她跟我和爸爸都不熟，因為平平十歲前住在奶奶家。她們一出生，醫生說安安一輩子癱瘓在床上，我希望安安至少要能夠自理，照顧自己，一旦我們百年後，不要成為姐姐的負擔。選擇讓婆婆照顧平平，我專心帶安安復健，是母親對兩個孩子深沉的愛。

平日帶著兩個孩子跑醫療院所，復健結束後，兩姐妹分道揚鑣，安安跟我和爸爸，平平跟奶奶爺爺，六、日平平才回家團圓。平平不在家的日子，我跟時間賽跑。幫著安安拉筋，練習小肌肉，各種學習，我的復健筆記抄得滿滿的，有一點點的進步，哪怕只是學會寫出一個國字，我都可以高興一整個星期。

安安的進步換來的是平平與家裡的隔閡，平平看安安的表情是不屑，充滿敵意的。她有事就放心裡，不會想跟我們說。看到問題，就得解決問題，我們在小學五年級把平平接回家，她得忍受安安重複的言行，教不會時大人的責備，等著安安作業完成才能出門，家裡亂糟糟，一家四口學習一起生活。

我跟平平分享我在費森尤斯卡比為什麼哭，那天我斷斷續續哭到晚上十點，太多不足為外人道的委屈，淚水撫平我一路以來的創傷，原來我們可以如此被溫柔的對待。很多人以為職場不存在共融，有人努力的實踐著，為他人帶來幸福，接住了我們家。

仙·女·老·師·的·砥·礪

如何能為他人帶來幸福呢？我從費森尤斯卡比學到了五個方法：

一、一本初衷清楚為何而做。

二、傾聽讓對方感覺被理解。

三、情緒穩定散播正面能量。

四、用肯定的語言回應焦慮。

五、把不完美視為學習機會。

仙女老師的底氣

給出幸福給出愛。

你的世界寬又大。

安安日記

二〇二四年九月二十五日星期三

費森尤斯卡比滿一個月

今天是我在費森尤斯卡比工作滿一個月，早上Joanna跟我開會時，給我看第一個月的薪水單，也跟我解釋裡面的內容。我看到薪水單好開心，終於有了第一份薪水。我決定請家人吃飯，分享喜悅。

另外，因為教師節快到了，我明天要回芳和國中看老師，Joanna也教我在公司的系統上請假。今天我同時學會了兩件事，越來越有成就感了。

四點的時候，公司的同事來教我，怎樣在公司網路上訂購公司的產品。我訂購了營養飲料，要送給阿媽和姑姑，希望她們身體健康。快下班時，我稍微練了一下演講內容，希望演講可以順利。

28 母親的底氣

母親是否擁有共同的特質？
母親的堅韌從何而來？
母親如何實現自我？

曾經，我感嘆為什麼我的孩子是身心障礙者？如今，我明白，是孩子選擇有能力照顧他們的母親，是孩子賦予了母親照顧他們的能力。

我想到了我的母親、婆婆和小姑，她們都是為家庭奉獻的女性。

☆平平安安是全家共同教養出來的

我七歲以前，爸爸長期外派香港，媽媽一個人照顧我們姊妹三人，颱風一來，眷村排水不良，容易淹水，好多阿兵哥帶我們撤離。爸爸返台後，媽媽開了理髮廳，早出晚歸，開車載我上學，在路上買早餐讓我帶到學校吃，晚上回到家煮消夜給我吃，家裡開支大多是媽媽掙的，不成材的我花了她不少補習費。即使現在，媽媽年過七十，我們每週六回到家，媽媽也是做一桌子的菜，深怕我們吃得不夠營養。

我的婆婆在平平安安出生後，幫忙帶孩子。那時她已七十歲，不曾嫌棄兩個一出生就領到身心障礙手冊的孩子，洗澡、餵飯、感冒就醫、教導生活常規，直到我下班後才換手。婆婆擔心我過於辛苦，平日晚間她帶平平，夜晚啼哭得起身看顧。她為平平準備便當到國中，平平帶了九年的便當；安安則是高中才說要帶便當，婆婆幫她帶了三年的便當。婆婆現在九十高齡依舊幫兩個孩子打理生活細節。小姑是平平安安的傾聽與陪伴者，小學載她們上下學和補習，直到平平念大學了，姑姑還經常接送她。

而我，在辭職後回想平平安安帶給我的，豈止是人生功課，更是責任與使命。

✩孩子找到適當的時機到來

教書第五年，我是公立學校代理老師，也就是流浪教師，年年考教師甄試。前五年只報名台北和新北市的考試。第六年，同辦公室的資深老師讚許我教學活潑，詢問我是否有意願留校代課。這個提醒讓我想到：或許可以嘗試參加外縣市的考試。於是，我報名內壢高中的教師甄試。

考試前幾天，我的身體很不舒服，總是感到噁心卻又吐不出來。試教時，我抽到了最熟悉的《桃花源記》，當時我信心滿滿。然而，試教過程中，噁心的感覺不斷襲來，只能拚命壓抑。我猜，可能是懷孕了，但我不敢驗孕，也不敢去醫院檢查。我還沒考上正式教師，若真的懷孕了，哪有時間準備來年的考試？我告訴自己，這次一定要考上，再不成功，機會只會越來越渺茫。

一上台，強忍不適，全神貫注觀察評審的反應。甚至有一個環節，我故意講錯，當台下的評審抬頭看我時，我才糾正答案。放榜那天有著十年寒窗無人問，一舉成名天下知的快意，我終於擺脫流浪教師的生涯，終於可以安心地去醫院檢查。原來平平安安為自己準備妥安心成長的環境，讓我成為正式教師。

平平安安七個月早產，早療刻不容緩，我一心想考回台北市。剛好萬芳高中開缺，簡章要求正式教師才能應考，因此考生不多，我很順利的進入複試。試教抽到《赤壁賦》，教得差強人意，備取第一。僧多粥少的情況下，備取一點機會也沒有。哪裡知道，學校居然通知我去報到，原來正取的老師考取其他學校。如果不是為了平平安安，我可能會給自己找一千個理由不再參加甄試，也就錯過了回到台北市任教的機會。

平平安安讓我懂得「慢慢來，我等你」的真義

第一次當媽媽，就當身心障礙者媽媽，困難度一下拉高千萬倍，也讓我看到教育對身心障礙學生不接地氣的對待，作業與考試不夠彈性，三天兩頭拜託老師可不可以通融少寫一點，少做一點，不是不想做，是能力不足，時間還得撥出來復健。更別提才藝表演、校外教學等與課業無關的學習能夠重視孩子需求。初始還會想爭取機會，問久了也知道會被各種理由否定，久而久之就不想問，也累了，轉頭跟孩子說，「我們在其他方面繼續努力吧。」如果不是平平安安，我不會了解有些孩子的學習注定要等候，慢慢地等，耐心地等。

安安升上芳和國中，入學前的暑假，居然為特教生安排暑期輔導，讓孩子們

提前適應環境，居然有這麼好的「福利」，我以前想都不敢想。課表中有游泳課，校內沒有游泳池，必須搭車到校外。我原以為又會像小學的校外教學一樣，需要家長陪同，我帶上了自己的泳衣。然而，一到學校，老師告訴我，導師和助理員會全程陪伴孩子，叮囑我放學再來接安安。還沒開學，就感覺到教師團隊對於家長的體恤。

回想小學時期，安安一週十個小時的助理員時數，教學工作繁重，我沒有心思了解特教生配套，自費請一位阿姨陪同她上學六年。國中三年，無論從師生互動、對教師與全體孩子的支持，以及對家長的關懷，都感受到安安在助理員曾媽和鄭媽心中的分量。也就有了後來，安安高中階段爭取助理員時數的行動。當我開始爭取時，驚覺校方和教育局的冷漠與高傲，他們對孩子的用心遠遠不及與孩子日日共處的助理員。

出於對安安在校園內可能發生意外的擔憂，我在她高一時選擇留職停薪，高二時抗議校長對特教生缺乏同理心，留職停薪近兩年的我，閒置兩年的我，不再眷戀這份有退休金的工作。這一步步就像是設定好的，宇宙彷彿感知我對於公立教職難以割捨，給了我兩年的時間思索。透過重大事件，讓我選擇辭職。這樣的離開，好嗎？當時的我並不知道。

✰孩子是我的動力

辭職的第一年，安安念高三，成為自由工作者的我，多出好多時間，我還是想要解決身心障礙學生就學的困境，不是只有為了安安，還有許多身心障礙的孩子。

我去找陳宥丞議員，九月初開學，他發會議通知請台北市政府教育局特教科、台北市建築管理工程處、校長、主任、特教組長到議會。宥丞問特教科，「助理員的時數是不是有上限？」特教科回覆，「沒有上限。」宥丞問了我也很想知道的問題，「沒有上限，為什麼要刪減？為什麼要讓家長年年著急？如果孩子進步神速，何必念特教班呢？」我見識到校長在議員面前極其和善的態度。

宥丞說，他單親，低收入戶。十二歲那年，要辦助學貸款，銀行需要雙親到場，單親的他，哪來雙親？他能夠同理我的無助。中秋連假結束，回到學校，教室裡的石階講台已打掉。安安高一時，我跟學校說特教班教室不應該有講台，校方置之不理，議員一出面，問題就不再是問題了。數月後，有了八百多萬電梯預算，雖然安安在校期間電梯尚未動工，一想到未來身障孩子有電梯使用，就覺得我的辭職很有意義。

辭職第二年，安安高中畢業，我工作時間彈性，可以帶安安演講、出遊和各種上課。如果在公立學校的話，事病假應該不夠請，被冠上工作態度不佳，還要焦慮安安該何去何從。可能又要把安安送回我婆婆家，讓婆婆料理她用餐等事宜，婆婆年事已高，不想增添她困擾。先生也在這一年從公立學校退休，這二年，我有課的日子，換先生接手，帶安安上課和散步。

辭職第四年，安安有了工作，多半是先生陪同上班，向來不愛使用電腦的他，跟著安安學習應用AI，安安工作中的學習由先生教導，超感謝費森尤斯卡比給了安安工作機會，讓爸爸退休之後有了新的人生動力。

如果不是因為孩子，我不會如此積極向上；如果不是因為孩子，我不會知道自己潛力無窮。因為孩子，幸運的在不同時空遇到為我們排除困難的人們；因為孩子，讓我知道多做一點點就能夠迎來幸福。

我常跟平平安安說，「謝謝你們選我，成為你們的媽媽。」

仙·女·老·師·的·砥·礪

提供家長培養底氣的五個方法：

一、讓孩子受到尊重被愛與關懷。

二、與課業無關的事往往最重要。

三、邁出步伐嘗試從未做過的事。

四、家長的成長鼓勵孩子敢挑戰。

五、別人的孩子也是我們的責任。

仙女老師的底氣

大人相信自己做得到。

孩子才會相信自己也可以。

國家圖書館出版品預行編目資料

有底氣,無所畏:當責找到自我價值,發揮影響力/余懷瑾著. -- 初版. -- 台北市:商周出版:英屬蓋曼群島商家庭傳媒股份有限公司城邦分公司發行, 2024.10
面; 公分. -- (ViewPoint;120)
ISBN 978-626-390-293-0(平裝)

1.CST: 自我實現 2.CST: 自我肯定

177.2 113014166

ViewPoint 120

有底氣，無所畏——

當責找到自我價值，發揮影響力

作　　者／余懷瑾
安安日記作者／倪昀安
企畫選書／黃靖卉
責任編輯／黃靖卉

版　　權／吳亭儀、江欣瑜
行銷業務／周佑潔、林詩富、吳淑華、賴玉嵐
總 編 輯／黃靖卉
總 經 理／彭之琬
事業群總經理／黃淑貞
發 行 人／何飛鵬
法律顧問／元禾法律事務所王子文律師
出　　版／商周出版
台北市115南港區昆陽街16號4樓
電話：(02) 25007008　傳真：(02)25007759
E-mail：bwp.service@cite.com.tw
發　　行／英屬蓋曼群島商家庭傳媒股份有限公司城邦分公司
台北市115南港區昆陽街16號8樓
書虫客服服務專線：02-25007718；25007719
24小時傳真專線：02-25001990；25001991
服務時間：週一至週五上午09:30-12:00；下午13:30-17:00
劃撥帳號：19863813；戶名：書虫股份有限公司
讀者服務信箱：service@readingclub.com.tw
香港發行所／城邦（香港）出版集團
香港九龍土瓜灣土瓜灣道86號順聯工業大廈6樓A室
E-mail : hkcite@biznetvigator.com
電話：(852) 25086231　傳真：(852) 25789337
馬新發行所／城邦（馬新）出版集團【Cite (M) Sdn Bhd】
41, Jalan Radin Anum, Bandar Baru Sri Petaling, 57000 Kuala Lumpur, Malaysia.
電話：(603) 90563833　傳真：(603) 90576622

封面設計／徐璽設計工作室
封面攝影／青樺視覺 CHING HUA
內頁排版／芯澤有限公司
印　　刷／中原造像股份有限公司
經 銷 商／聯合發行股份有限公司
新北市231新店區寶橋路235巷6弄6號2樓
電話：(02) 29178022　傳真：(02) 29110053

■2024年10月15日初版一刷　Printed in Taiwan

定價380元

城邦讀書花園
www.cite.com.tw

 ISBN 978-626-390-293-0